Das Wissen der Harpyie

Bibliografische Information der Deutschen Nationalbibliothek: Die Deutsche Nationalbibliothek verzeichnet diese Publikation in der Deutschen Nationalbibliografie; detaillierte bibliografische Daten sind im Internet unter http://dnb.dnb.de abrufbar.

© 2022, The Spirit Scribe (Tanja V. Ahrens), Rodgau

1. Auflage
Covergestaltung: T. Ahrens
Herstellung und Verlag: BoD – Books on Demand, Norderstedt
ISBN: 978 375 682 2614

Das Wissen der Harpyie

Wut

Band 3 der Spirit Scribe Journale

The Spirit Scribe

Bisher veröffentlichte Teile:

»Das Wissen der Elfen«

»Das Wissen der Weltenschlange«

»Das Wissen der Harpyie«

Eine Übersicht über die restlichen Bände
ist verfügbar unter www.the-spirit-scribe.de.

Inhaltsverzeichnis

TEIL 1

TEIL 2

TEIL 3

Einleitung

Warum ein Buch über Wut? Und dann auch noch ein Spirituelles? Braucht es das? Oh ja. Ganz abgesehen davon, dass ich als Channel recht wenig Einfluss darauf habe, welche Themen in meinen Monatsinterviews behandelt werden, gibt es selbst im 21. Jahrhundert noch so viele Missverständnisse und Klischees zum Thema Wut, dass wir dringend darüber sprechen sollten. Mit der geistigen Welt, und vor allem miteinander. Deshalb will ich mit einem besonders offensichtlichen, trügerisch einfachen Satz beginnen:

Jeder Mensch ist ab und zu wütend! Vielleicht verfliegt diese Wut innerhalb von Sekunden oder wird unterdrückt. Vielleicht merkt man der Person äußerlich absolut nichts an. Aber sie ist da, wenn der entsprechende Mensch auch nur entfernt als körperlich und geistig »normal« bezeichnet werden darf.

Und hier beginnen bedauerlicherweise die Probleme, denn nicht vielen Leuten wird offen erlaubt, diese vorhandene Wut auch zu zeigen. Und noch viel weniger Menschen wird im Laufe ihres Lebens aufgezeigt, welche Techniken zur Verfügung stehen, um ihren Zorn in Bahnen zu lenken, nach einem (hoffentlich gefundenen) Kompromiss abzukühlen – und vor allem zu verstehen. Genau dabei will dir die Harpyie, also der personifizierte Aspekt der Wut, in diesem Buch helfen.

Ich bin absolut überzeugt davon, dass die Aspekte durch die Bücher zu uns allen sprechen, ohne Ausnahme. Ich hatte diese wunderbaren Worte nur zuerst vor mir, manifestiert durch Stift, Zettel und Schreibprogramm. Und dann hatte ich all diese wunderbaren Worte selbstredend *nicht* zuerst, denn über die Äonen und Zivilisationen hinweg bekommen wir von der anderen Seite ja immer wieder die gleichen Kernbotschaften!

Die zentralen Sätze dieser Buchreihe stehen unter Verwendung erstaunlich ähnlicher Worte in Werken von KRYON, in »Gespräche mit Gott«, im »Gesetz des Einen« (RA-Material), in Dolores Cannons fantastischen Büchern oder in Jane Roberts' Gesprächen mit Seth. Die Gleichnisse in »meinen« Büchlein finden sich in ähnlicher Form in den Upanishaden, in den Lehren des ZEN, im Koran, in der Bibel und in den Totenbüchern aus Tibet und Ägypten. Und wen sollte das wundern, nehmen wir doch alle ein kosmisches Diktat von der gleichen Quelle entgegen?

Und trotzdem: Das durchgegebene Material passt sich der Zeitqualität an – und natürlich mir, dem Channel – und somit behandelt es auch automatisch die drängendsten Themen unserer Zeit. Diese »Updates« sind überhaupt der Grund, warum Channels auf der ganzen Welt mit dieser Sorte von Diktat beschäftigt werden, wie mir mitgeteilt wurde. Es sind im wahrsten Sinne des Wortes Gebrauchsanweisungen für diejenigen, die mit unserer Zeit klarkommen müssen – und wir haben Stand 2022 verdammt viel, mit dem wir (mal wieder) klarkommen müssen.

Ihr kennt das schon von mir, aber ich muss diesen Satz kurz schreiben: Natürlich sieht nicht jeder den Aspekt der reinen und ursprünglichen Wut als Harpyie, als furchterregenden Mix aus Frau und Greifvogel. Sie ist nur ein Symbol, und dieses Symbol passte offensichtlich zu mir. Die Harpyie repräsentiert *meine* Wut. Euch würde der Zorn in euren Meditationen höchstwahrscheinlich anders erscheinen, oder er ist euch schon erschienen – als heiliges Feuer, als brüllender Tiger, als HB-Männchen. Wie auch immer sich uns die Aspekte zeigen, sie passen sich uns an, denn wir müssen sie *akzeptieren* können als Gesprächspartner.

Die Harpyie sprach mit mir über die Wut der Frauen, die nun (endlich) voll ins Rampenlicht darf und soll; über die Wut der jungen Menschen, die den Planeten nicht kampflos aufgeben wollen; wir debattierten darüber, wann Worte und Versprechen energetisch »leer« sind (Tag 22) und zu welchem Zweck wir die schwarzen Flügel des Zorns beim Aspekt der Wut leihen können und sollen (Tag 10). Mit am meisten schockierte mich jedoch, was die Harpyie über Apokalypsen sagte – und warum wir tatsächlich mitten in einer stecken (siehe Tag 2).

Das fulminante Ende unseres gemeinsamen Monats enthält eine überdeutliche Warnung an uns Menschen, aber auch zwei große Versprechen (siehe Tag 29). Eines davon ließ mein Herz wortwörtlich überlaufen vor Freude, denn ich erfuhr, wer den folgenden Monat bei mir sein würde. Wenn ihr ab uns zu auf meiner Webseite unterwegs seid, sagt euch ihr Name sogar schon etwas.

Das andere Versprechen behandelt unsere Rolle als *SchöpferInnen* dieser Realität, und das dort verwendete Gleichnis von der »Maschine, die sich totlaufen wird« solltet ihr in einer sehr ruhigen, ungestörten Minute lesen – ganz besonders, wenn Themen wie Burnout, Depression oder Überarbeitung in eurem Leben große Rollen spielen.

Ein weiteres besonderes Geschenk, das mir im Monat der Harpyie zuteilwurde, ist das Gebet der Aspekte, das sich einen festen Platz in meinem Leben gesichert hat. Wer es mit Ehrfurcht und Intention ausspricht, kann seine Chakren auf bevorstehende Energiearbeit vorbereiten und eine Menge Kraft daraus schöpfen (siehe Tag 25).

Drei wichtige Tipps für die Lektüre

Es gibt drei Grundgedanken, die du *immer* im Gedächtnis halten solltest beim Lesen meiner Journale:

1) WENN DU ES FÜHLST, GLAUB ES.

Nicht jeder Satz muss für dich gemacht sein. Manche Formulierung wird dich stören und an manchen Stellen wirst du tief in dir wissen, dass es für dich anders ist. Das ist völlig in Ordnung und richtig so. Nur du steckst in deinen Schuhen. Wenn dir aber eine Gänsehaut über den gesamten Körper läuft bei einigen Sätzen, dann tu dir selbst den Gefallen und erkunde die Welt, die darin liegt. Nimm aber nicht mein Wort als letzte Weisheit, sondern nur als Treppenstufe auf dem Weg, dein eigenes Inneres zu ergründen.

2) ICH BIN NICHT WEISER ALS DU.

Die Texte, die du hier in Händen hältst, sind voll unendlicher Weisheit, aber ich als Autorin war ebenso *Empfängerin* dieser Worte wie du. Ich bin nicht weise, ich bin eine ganz normale Frau. Schrecklich neugierig vielleicht, was die geistige Welt betrifft. Aber sonst ganz normal. Ich möchte *keinesfalls* dein Guru werden oder sein. Denn:

3) WAS ICH KANN, KANNST DU AUCH. DU HAST WAHRSCHEINLICH NUR VERGESSEN, WIE ES GEHT.

Wie die Gespräche aufgebaut sind

Da sich dieser Hinweis auch in den vorangegangenen Bänden findet, werde ich ihn dieses Mal kurz und knapp halten, um euch nicht zu langweilen:

Da die Harpyie mir nie einen Vornamen nannte, habe ich sie in den Gesprächen einfach mit »H:« abgekürzt, und ich bin natürlich mit »T:« für Tanja gekennzeichnet – wie immer!

Außerdem sind wie bisher die Antworten aus der geistigen Welt fett gesetzt. Ich hoffe, das hilft der Übersicht. Die bahnbrechendsten Aussagen und die poetischsten Momente sind zudem unterstrichen. Wo ich Anmerkungen oder Ergänzungen hinzugefügt habe, oder wo einleitende Erklärungen nötig sind, die nicht direkt zum Dialog gehören, sind diese [in eckige Klammern] gesetzt.

Ich bin ein großer Fan davon, meine wichtigsten Buchschätze aus dem Regal zu ziehen, wenn es mir schlecht geht, und darin umherzublättern. Ich hoffe daher, dass sich deine Augen besonders leicht an einer unterstrichenen Weisheit der Harpyie verfangen werden, wenn du auf der Suche nach einem Zeichen bist; dich verloren oder wütend fühlst.

Tag 1:
»Ich bin das Ende aller Apathie«

01.08.2020

Wie ich es mit der Weltenschlange besprochen hatte, habe ich mir den Juli »frei genommen« vom Channeln und steige heute wieder ein. Allerdings erhielt ich schon seit Tagen mehr oder minder subtile Zeichen, wer meine nächste Interviewpartnerin sein könnte. Seit vielen Tagen finde ich nämlich Federn – sogar von einem großen Raubvogel war eine dabei. Vorgestern dann wurde aus dem Ratespiel die schlussendliche Erkenntnis: Die Harpyie ist bei mir. Fürs Channeln habe ich mir außerdem (wie so oft) Musik auf die Ohren gesetzt, und eines der ersten Lieder war »Dynamite« von Sigrid – ein sehr trauriger Song.

Harpyie: Waah, waah, waaah. Immer dieses Geheule!

Tanja: Hey, ich mag das Lied.

H: Ich kenne die Frequenz des Selbstmitleids nicht, sie ist nicht meine. Oder hast du schonmal eine wehklagende Harpyie gesehen? Allerdings mag ich, dass sie von sich als dem Faktor singt, der alles zerstört.

T: Wenn Traurigkeit dich nervt, für was bist du dann zuständig?

H: Für den Zorn. <u>Zorn gibt dir Kraft. Er gibt dir den Tritt, um ins Handeln zu kommen. Ich bin das Ende aller Apathie.</u>

T: Bist du die Adlerfigur, die sich der nordischen Sage nach mit dem Wesen unter dem Weltenbaum oder mit Jormungandr streitet?

H: Ja und nein. Die Weltenschlange steht für Balance, aber Balance bedeutet oft, nicht zu handeln und Gott oder den Zufall oder andere entscheiden zu lassen. Ich hingegen will grundsätzlich vorwärtskommen. Hier sind sich Jormungandr und ich in der Tat uneinig.

T: Ich habe das Gefühl, wenn es Balance und Vorwärtskommen gibt, dann müsste es auch eine dritte Kraft geben, die rückwärtsgerichtet ist.

H: <u>Auch eine Rückwärtsbewegung ist Bewegung.</u> Denk an einen Stein. Er liegt, oder er kommt ins Rollen. Es gibt keinen dritten Zustand.

T: Danke, so macht es Sinn! Bist du denn *die* Harpyie? Das körperlose Wesen, um das es auch in meinen Drachenkind-Romanen schon oft ging?

H: Ich bin das Konzept des Zorns, ja. Ich bin ein purer Drang, ein Impuls. In letzter Zeit hörst du oft, dass ihr euren Frieden mit den »Niederen« machen müsst, und davon bin ich ein Teil. Wer Zorn verteufelt, versteht allerdings nicht, dass ich ein Schützer bin. Ich treibe derzeit eure jungen Leute an, denen ihr die Luft zum Atmen raubt – und ich meine das nicht sprichwörtlich! <u>Zorn schützt deinen wunden Punkt. Er ist ein Wachhund. Und ein sehr effektiver noch dazu.</u> Ich – der personifizierte Zorn – tauche auf, wenn eine Schwachstelle im Menschen ist, die schon lange hätte beseitigt sein müssen. Das am dicksten verkrustete Thema. Die vollkommen festsitzende Angst. Aber: Du erkennst sofort, dass ich dir nicht wirklich nützlich sein kann, wenn ich mich nach außen (gegen den Angreifer) richte. Kurzfristig kann ich zwar dafür sorgen, dass der wunde Punkt nicht weiter angesprochen wird, aber langfristig ist das natürlich keine Taktik, die echtes Vorankommen ermöglicht. Es ist wie in deiner Geschichte: <u>HÖR AUF, MICH ZU BEKÄMPFEN und nutze mich als das, was ich bin. Eine Waffe. Ja, auch gegen andere, aber vor allem gegen Stillstand in dir selbst. Zorn und Wut sind nicht deine Feinde – wenn du sie vom Wachmann zu deinem persönlichen Trainer machst!</u> Ein Beispiel: Stell dir vor, du bist derzeit nicht zufrieden mit deiner Körperform.

T: [grummelt] Da brauche ich derzeit nicht viel Fantasie.

H: [grinst] Umso besser. Wenn nun jemand etwas Gemeines über deine Form sagt, kann ich noch in der Minute zu Hilfe kommen und einen saftigen Gegenkommentar platzieren.

T: [grinst] Das klingt aber nicht sehr christlich.

H: Pah! Wohin hat euch die Lehre von der zweiten Wange denn gebracht in 2000 Jahren? Hm?

T: Touché. Außerdem: Ist ja nicht so, als ob wir uns in irgendeiner Form daran halten würden.

H: Na bitte. Zurück zu den Schritten: Sobald der Angreifer kaltgestellt ist, geht der innere Prozess los – wenn du insgeheim schon lange Handlungsbedarf siehst – und wenn nichts in deinem Zornkreislauf gestört ist, was leider extrem häufig ist auf eurer Welt. Es nagt an dir. Das nächste Mal, wenn du einen ganzen Tag auf der

Couch gammeln willst, wirst du zornig auf dich selbst und deine gottverdammte Faulheit. Also ziehst du Schuhe an und gehst noch eine Runde laufen. Denn eigentlich mochtest du das ja immer, nicht wahr? <u>Wenn alles gut funktioniert, gebe ich dir mehr Kraft, als du für jegliche menschenmögliche Veränderung im Universum bräuchtest.</u> Und deshalb sind meine ureigenen Sprüche: »Wo ein Wille ist, ist auch ein Weg« und »Der menschliche Wille kann Berge versetzen.«

Bis morgen.

Tag 2:
Balance und Apokalypse

02.08.2020

T: [denkt bei der Entspannungsübung über ein eigenes Kartenset nach, mit Zitaten von Schlangen und Elfen.]

H: [schmunzelt] Tja, wenn du etwas erledigt haben willst, tu es selbst.

T: Hallo du. Sag mal, für welches Chakra stehst du? Nummer eins? Wurzeln und Feuer und so?

H: Ja, absolut. Ich bin ein emotionaler Flammenwerfer, hehe. Außerdem habe ich Flügel, ich kann reisen, wohin auch immer ich möchte – und ich kann dich mit mir nehmen.

T: Bitte was?! Du trägst Menschen fort?!

H: Ja, aber ähnlich wie bei Jormungandr stellst du dir das ganz falsch vor. Von den Schwingen eines Raubvogels davongetragen zu werden ist nicht so dramatisch, wie deine Kultur es euch weismacht. Kinderbücher und Dokumentationen über Mythologie zeigen dir schreckliche Bilder von teuflischen Wesen, halb Frau, halb Vogel, mit wahnsinnigem Grinsen (Ronja Räubertochter), oder fast apathische Adler, die einen gefangenen Fisch davontragen. Die Geschichten sagen: Lass die Harpyie aus ihrem Käfig, und du verlierst dein Leben oder deinen Verstand. [Auch im letzten Einhorn gibt es dieses Bild.]

Tatsächlich hat nur Tolkien das Konzept des gnadenvollen Monstervogels richtig rübergebracht. In seiner Geschichte ist der riesige Adler endlich ein Verbündeter. Auch ich kann deine Verbündete sein – und eine äußerst Starke noch dazu. Allerdings: <u>Mach dir kein Heim in meinem Nest, metaphorisch gesprochen.</u> <u>Denn wer will schon dauerhaft in einem Schloss aus Rage wohnen?</u> Das wäre auch keine Balance, und hier habe ich Jormungandr niemals widersprochen.

T: Ich bin überrascht, wie unser gemeinsames Gespräch losgeht. Mit dir zu sprechen ist so einfach. Ich muss mich absolut nicht anstrengen. Wir haben so schnell und einfach zusammengefunden. Warum hast du dich nicht schon früher mal gezeigt und mit mir gesprochen?

H: Die Krankheit [Corona] hat einige Dämme der Menschheit zum Einsturz gebracht, und somit eine fast biblische Flut an Wissen und Information in dieses 21. Jahrhundert gebracht. Und du, Tanja, liegst auch damit richtig, wenn du sagst, dass ihr »einen stillen, waffenlosen 3. Weltkrieg kämpft« – auf so viel mehr Ebenen, als die meisten es wahrnehmen! Wenn du dir die klassische Apokalypse so vorstellst, dass sie von vier Vertretern des »Bösen« (also vier Überbringern von Balance) begleitet wird, dann wäre ich wohl tatsächlich eine von ihnen.

Die Bibel erzählt von Krieg, Hunger, Tod und Pestilenz.

[Ich habe das in dem Moment kurz online nachgelesen. Die Sache ist weit weniger eindeutig, als es unsere Popkultur beschreibt, und tatsächlich wurde ursprünglich oft von *Gerechtigkeit* gesprochen! Gerechtigkeit, Tod, Krieg und Krankheit.]

H: Verstehst du?

Der Krieg bringt eine neue Balance der Macht.

Der Hunger bringt eine neue Balance der Nahrungsversorgung.

Der Tod gibt den neuen Ideen Raum.

Die Pestilenz bringt die ultimative Gleichheit.

Natürlich ist dies ein altbekanntes Konzept. Es ist einfach nur ein sehr treffendes Zeichen, um eine Apokalypse zu erkennen. Denn sein wir doch mal ehrlich: Menschen können meistens erst so richtig begreifen, dass sie bis zum Hals in einer Apokalypse stecken, wenn sie schon mittendrin sind. Manche nicht einmal dann.

Oh ja, und bevor du fragst: Ja, einige laufen selbstverständlich heiß vor Wut in dieser Situation [erste, heißeste Phase der Corona-Pandemie mit wochenlangen Lockdowns etc.], ganz besonders unter denen, die meinen, dass sie etwas zu verlieren haben – also, etwas anderes als ihre Gesundheit oder ihr Leben oder ihre Liebsten. Das, was sie geliehen haben – Reichtümer und erdvernichtende Freiheiten – muss nun zurückgegeben werden, und einige Kinder erweisen sich als durchaus störrisch.

Tag 3:
Die Wut der Frauen

03.08.2020

[Zur Einstimmung spielen heute von meiner riesigen, durchmischten Playlist die Songs »Wild Hearts« von Pink und »Everybody knows« von Sigrid. Beide liebe ich sehr!]

T: Gute Musik heute.

H: Gern geschehen. Das sind gute Lieder. Weniger weinerlich. Aber merkst du, dass der Text eigentlich ein zorniger ist, die Musik sich aber zurückhält? Dass Frauen im Speziellen keine zornige Kunst machen dürfen? Frauen sollten zahm sein und den Krieg gefälligst den Männern überlassen. Und was bleibt euch, wenn Zorn euch nicht zugestanden wird? Nur noch Apathie, liebe Frauen.

Selbst heute, wo Frauen allen Grund hätten, so richtig auf den Tisch zu hauen – und es ja teilweise endlich tun – wird euer Zorn wieder kleingeredet! Ihr sollt ihn bitte übergehen. Auslassen. Begraben. Euch darüber hinaus entwickeln. Wo bitte ist da der heute viel beschworene Energieausgleich? Er fehlt. <u>Nach 10.000 Jahren ohne Rechte könnt ihr nun zwar wählen und in Büros arbeiten, aber ihr habt noch immer kein Recht auf Zorn.</u> Ist das nicht traurig? Oh, und weil ich weiß, dass es auf euren Zungen liegt: Natürlich gibt es das männliche Pendant. Nähren und Befrieden sind die Dinge, die den Männern als Prinzipien nicht zugestanden werden. <u>Wo ist da die Balance, wenn die einen immer friedlich sein müssen und die anderen es nicht sein dürfen?</u>

T: Erklär mir, wie wir den Zorn energetisch nutzbar machen können.

H: In deinem neuesten Roman [Ghomon und Gorgonn, aus dem Elfischen übersetzt »Der Mann und sein Monster«, ein Spin-Off-Roman rund um einen Elfen und seine Harpyie] habe ich dir erklärt, dass dir der Zorn erst dann nützen wird, wenn du ihn in deinen energetischen Schutzschild einbindest, also in deine Aura. Dafür musst du natürlich erst aufhören, dich zu wehren. Sich gegen Zorn zu wehren ist unfassbar anstrengend (bemerkst du die Verbindung zwischen Frauen und Müdigkeitskrankheiten?).

Wenn der Zorn dich dann endlich umfließen und durchfließen darf, dann wird die Kraft freigesetzt, von der ich schon gesprochen hatte. Diese Kraft kann dich regelrecht nach vorne katapultieren und deine Feinde oder Barrikaden brennend in deinem Weg zurücklassen. Du trittst zu 100 Prozent in Aktion – und in Erscheinung, denn es ist unmöglich, mit dieser Energie nicht im Rampenlicht zu landen. Je öfter du übst, desto leichter kommst du vom Zorn zum Lohn der Übung.

Ich bin der ultimative Aspekt, der [körperliches] Sein ermöglicht, denn Tun und Bewegung sind unverkennbare Zeichen des Seins beziehungsweise des Lebens. <u>Zorn IST.</u> Du kannst immer zweifeln, ob du wirklich verliebt bist oder wirklich dein wahrstes Wort sprichst, aber niemand kann mich verleugnen oder verkennen, wenn er mich trifft. Dafür brenne ich zu schmerzhaft und scheine zu hell.

Ich entzünde deine Fackel. Ob du mit dieser aber deinen Weg ausleuchtest oder dein Haus niederbrennst? Das liegt bei dir. Und wenn ich mir eines für die Zukunft der Menschen wünschen sollte, dann wäre es Anleitung, wie mit mir umzugehen ist, wenn du mich triffst.

T: Ich danke dir, das war wieder großartig! Sag mal, dieses Gespräch …

H: … muss veröffentlicht werden, ja. Unbedingt. Ich bin das rote Buch in der Reihe. Teil drei und doch Thema Nummer eins, wie ich es gern habe [grinst].

T: Ich werd's beachten, danke!

H: Gern. Das hier macht mir viel Spaß.

Tag 4:
Wenn es für Hoffnung nicht reicht

04.08.2020

[Ich habe heute zufällig ein tolles Bild für das Harpyien-Cover gefunden. Ich hatte natürlich nach etwas völlig anderem gesucht ...]

T: Und? Magst du das Titelbild?

H: Oh ja, das wird stark. [Die Harpyie wirkt plötzlich traurig oder niedergeschlagen.]

T: Was ist los, meine Liebe? Du machst interessante Lieder an heute: »I'm only human« von Rag'n'Bone Man und »The Arrival« von OF COLOURS.

H: Hörst du? »It's not the mountain, we conquer but ourselves.« [Übersetzung: »Es ist nicht der Berg, wir bezwingen uns immer selbst.« Das Zitat stammt ursprünglich von einem berühmten Bergsteiger.]

H: Ich bin diejenige, die dich den Berg erklimmen lässt. Hoffnung außerdem. Hoffnung ist DER Motivator überhaupt. Aber nur, wenn du nicht weißt, was auf dem Gipfel ist. Wenn du genau weißt, dass dort oben dein Erzfeind auf deinem Thron sitzt, dann bin ich deine beste Freundin am Berg. Deine treueste Weggefährtin und Steigeisenhalterin. Ich bin für dich da, wenn es für Hoffnung nicht reicht.

Die Hoffnung ist mein natürlicher Gegenspieler, das Yin zu meinem Yang. So ist auch einfacher zu ergründen, warum eine Gesellschaft oder Menschengruppe, der du die Hoffnung genommen hast (auf Rettung, auf Gott, auf Besserung ihrer Lage) in bodenlosen Zorn rutscht. In diesem Fall sieht diese Gruppe, dass der Berggipfel leer ist und der von außen erschwerte (aber angepriesene!) Weg dort hinauf sinnlos.

T: Oh, wow. Du hast mich gerade auf eine super Idee gebracht fürs Drachenkind, danke!

H: Unsere Zeit heute ist ohnehin um. Bis morgen!

T: Darauf kannst du dich verlassen!

Tag 5:
Das falsche Versprechen
an unsere Kinder

[Ich hatte Probleme, richtig reinzukommen heute, weil es schon zehn Uhr abends war. Aber schließlich klappte es.]

T: [mantraartig, um nicht einzuschlafen]: Ich muss es versuchen. Ich muss es versuchen. Ich muss es versuchen.

H: [lächelt] <u>Der Versuch macht den Unterschied zwischen »Es ist mir wichtig« und »Es ist mir egal«.</u>

T: Ha, das ist echt gut!

[Die Harpyie füllt meinen Kopf ein paar Minuten lang mit neuen Szenen fürs Drachenkind.]

H: Ich zeige dir die nächsten zornigen Szenen im Buch. Kein Wunder, oder?

T: Nein, wirklich nicht. Danke dir! Kannst du mir bitte helfen, damit der Roman [»Der Mann und sein Monster«] fertig wird? Das ist doch *dein* Buch!

H: Im Moment gibt es Wichtigeres, aber ja. Natürlich werde ich dir helfen, wenn die Veröffentlichung ansteht.

T: Du sprichst von dieser Challenge hier, oder? Von dieser neuen Buchreihe. Das sind die ›wichtigeren Dinge.‹

H: Das ist ja nun kein großes Geheimnis mehr.

T: Es ist schon spannend, wie alle *sofort* auf dieses Projekt angesprungen sind. Der Filmemacher Nepomuk Maier, meine Eltern, meine spirituellen Freundinnen … Neulich habe ich sogar kurz überlegt, Anna Katmores Verlag das Projekt vorzuschlagen. Immerhin hat der Verlag ja auch das »Auslöserbuch«[1] für diese Challenge gekauft.

H: Mach doch. Was auf Erden sollen sie sagen außer nein?

[»Losing My Insanity« von Sonata Arctica spielt.]

T: Hm, gute Musikwahl, das muss ich dir echt lassen. Manchmal habe ich das Gefühl, ein »verrücktes« Leben ist eigentlich die Norm und alles andere kommt danach. Kinder zum Beispiel sind »verrückt« von Natur aus. Sie hören noch die Stimmen, sehen noch die Geister, vertrauen jedem und so weiter. Erst später legen wir das alles ab und glauben (beziehungsweise bekommen gesagt), es sei zu unserem Besten. Dann, viele Jahre später, stellen wir fest, dass uns nichts geblieben ist. Keine Geister, keine Wunder, kein Vertrauen.

H: Auch hier setzt dann ein großer Zorn ein. Berechtigterweise! Dir wurde ein Leben lang gesagt: <u>»Verhalte dich logisch, berechenbar und normal, und dein Leben wird gut sein. Wird erfolgreich sein.«</u> <u>Aber es ist eben nicht gut. Es ist leer. Und auch der beschworene Erfolg stellt sich eher selten ein. Selbst, wenn er es tatsächlich tut, fühlt auch er sich ebenso leer an! Bequemer, aber leer. Siehst du, dass ihr dieses Spiel gar nicht gewinnen könnt? Es geht nicht.</u>

[Timer abgelaufen.]

H: Schlaf jetzt, es ist sehr spät. Wir sprechen uns morgen.

---

[1] »Lichtwesen – Die unsichtbare Welt um uns«. Anna Katmore / Schirner-Verlag.

Tag 7:
Das Kerzengleichnis – Das Bild der Harpyie »stirbt«

07.08.2020

[Tag 6: Keine Verbindung bekommen.]

[Nachdem gestern ja Zwangspause war, kam heute schon bei der Einstimmung jede Menge unglaublich passende Musik! Zuerst »Lionheart« von Blind Guardian, und dann Sias »Burn The Pages«. Aber keine Nachricht und kein Wort im eigentlichen Sinne von der Harpyie. Also dachte ich mir: Okay, wenn das nächste Lied auch so genial passt, muss sie die Finger im Spiel haben.]

T: Also, liebe Harpyie, hau mal was raus, was einfach nicht zu toppen ist heute!

[Was kam? Linkin Parks »Talking To Myself«! Ich musste so laut lachen!]

T: Du bist echt gut.

Danach kam Blind Guardians »Sadly Sings Destiny« ... und endlich die erste Wortmeldung der Harpyie.

The saddest figure
in all the worlds
must surely be
destiny.

She does your bidding, you know?
She lets you go into harm's way.
She lets you walk through fire,
crying every day.

Deutsche Fassung:

Die traurigste Figur,
mit aller Welten größter Qual?
Ihr Name müsste wohl sein:
Schicksal.

Sie tut, was du verlangst, weißt du das?
Sie lässt dich geh'n durch jedes Feuer,
in jeden Anschlag,
und weint dabei doch jeden Tag.

T: Das ist ein wunderschönes Gedicht. Sogar in Reimform. Aber sag mal, du wirkst abgekämpft?

H: Das bin ich. Ich habe diesen Teil meiner Energie verbraucht. Er zerfällt.

[»Till Death Do Us Part« von Sonata Arctica spielt.]

T: Deshalb gab es gestern keine Verbindung zwischen uns, richtig?

H: Genau. Ehrlich gesagt weiß ich nicht, wie ihr das anstellt. [Sie lächelt traurig.] Diese Sache, die man »existieren« nennt? In einem Körper? »In story?« Das ist alles so anstrengend.

T: Also können Geistwesen tatsächlich sterben ...

H: Ja. Jeden Tag. Dieser winzige Funke Energie, den sie von sich selbst abspalten, um mit euch reden zu können, verbraucht seine Energie und löst sich auf. Wie Wachs in einer Kerze.

[Wir sind Helden – »Ein Elefant für dich« spielt. Ein todtrauriger Song.]

H: Die Weltenschlange hat dir dies als Erste gezeigt. Dieses Konzept ist Teil von Allem-was-ist. Niemand hat gesagt, dass die Energie, die in einer Kerze gespeichert ist, gänzlich fort ist. Das ist in der Tat unmöglich. Außerdem werden jeden Tag Millionen weitere Kerzen geschaffen. Aber diese Splitter von Spirit? Ganz besonders diese, die ihr sehen und hören könnt? Ja, die »sterben«.

T: In dem Lied »Ein Elefant für dich« wird ein Versprechen gegeben. Das Versprechen, die sterbende Person bis zum letzten Moment zu begleiten. Ich möchte dir auch dieses Versprechen geben, liebe Harpyie. Dir und den vielen Aspekten, die mein Leben mit ihrer Anwesenheit bereichern.

H: Danke, das ist sehr ehrenwert von dir. Weißt du, die meisten Menschen gehen durch ihr Leben, verleugnen uns auf jedem Meter ihres Weges und wundern sich dann, wo Gott bleibt, um ihre Wünsche zu erfüllen. Dass Spirit sich jeden Tag Stücke aus den Rippen schneidet, um dich zu schützen und mit dir zu kommunizieren? Das missachtet ihr derart häufig, dass man euch fast Böswilligkeit unterstellen könnte.

Ich will nicht stänkern, die Religionen haben hier ganze Arbeit geleistet und euch über Jahrtausende hinweg Angst gemacht, bis von eurem natürlichen, kinderleichten Glauben nichts übrig war. Aber ganz im Ernst: Seid dankbarer. Erkennt an, dass jeder von euch ein Heer aus begleitenden Geistern hat, das hilft – wenn ihr es nur lasst! Wenn ihr ihm nur zuhört!

T: Ich verstehe das nicht! Warum kann der kleine, abgespaltene Aspekt sich nicht in der geistigen Welt regenerieren gehen?

H: Hast du schon einmal eine abgebrannte Kerze zurück zum Hersteller gebracht?

T: Nein.

H: Eine Stumpenkerze kannst du nicht nur deshalb nicht wieder auffüllen, weil da kein Behältnis ist, sondern weil dir – selbst wenn du neues Wachs kaufst – noch ein Docht fehlt! Die Kerze auffüllen, das geht einfach nicht. Diese eine Kerze wird es in exakt dieser Form nie wieder geben. Aber wo sie herkommt, kann man wie gesagt eine Million ihrer Schwestern holen. Und wir befinden uns als übergeordnetes Prinzip natürlich in der Situation, bis in alle Ewigkeit weiter Teile von uns abspalten zu können, ohne jemals weniger zu werden.

Tag 8:
Wo Feen wohnen

08.08.2020

T: [Ich denke über Superman und das Konzept übermenschlicher Wesen nach. Ich hatte mich gar nicht bewusst zum Channeln zurückgezogen, aber dennoch kam prompt eine Antwort auf meine Fragen.]

H: Die traurige Wahrheit ist: »Super«-Wesen wie diese existieren wortwörtlich an jeder Ecke, ihr sehr sie nur nie. Wenn ihr wirklich wüsstet, wo ihr all die mythischen, nicht-physischen Geister und Wesen suchen müsstet, dann wärt ihr in jedem Sinne des Wortes mächtige, gesegnete Menschen. Denn nur weil in früheren Zeiten gesagt wurde »geh da und dort hin und triff die Feen«, waren damit ja nie sichtbare Wesen zum Anfassen gemeint.

[Die Harpyie hat uns an einen Tisch in der elfischen Bibliothek aus meinen Romanen versetzt.]

T: Ich liebe es hier.

H: Ich weiß.

T: Sollten wir also wieder anfangen, kleine Elfenhäuser im Garten aufzustellen und Opfergaben darzubringen?

H: Warum machst du es nicht anders herum? Warum willst du eine Schale aufstellen mit deinen Dingen, die du uns wünschst? Wir wissen, was du uns wünschst und dass du an uns denkst. Genau in dem Moment, in dem der Gedanke durch deinen Kopf flitzt. Nein. Sei schlau und stelle eine leere Schale auf, in die wir dir Dinge legen können. Wenn wir dir etwas signalisieren wollen, können wir dir so entsprechende Zeichen geben. [lacht] So musst du weniger Federn am Wegesrand finden.

T: Ha! Das ist total gut! Das mache ich. Lustigerweise weiß ich auch schon genau, wo in meinem Garten die perfekte Ecke ist.

H: Weißt du, früher waren diese Dinge einfach gegeben. Jeder wusste, wie und wo die wichtigen Stellen gepflegt werden mussten. Jede Pilgerreise startete mit dem Wunsch, einen ganz speziellen Kraftort aufzusuchen, der bei Thema x, y oder z helfen konnte. Für Kommunikation und Weisheit, besuch die Elfen und Feen. Für Klarheit und Zornkreisläufe, steig hinauf zum Hort der Adler. Merkst du etwas?

T: Aber holla.

H: Im Übrigen: Ja, Elfen »holen dich hinweg«, wie in den Legenden. Aber sie bringen dich (deine Seele) selbstredend auch zurück. [Grinst] Holen die Elfen dich nicht ständig zu sich?

T: Ja ... und es ist grandios!

H: Na also.

T: Unser Timer ist leider abgelaufen, liebe Harpyie.

H: In Ordnung. Für heute reicht dieser geistige Snack ja auch.

Tag 9:
»Jeder strebt nach sieben Dingen im Leben«

09.08.2020

[Die Harpyie hat uns erneut auf die Elfenwelt versetzt, dieses Mal aber in die Küche des Klosters.]

H: Jeder Mensch strebt nach sieben Dingen, wusstest du das?

T: Nein, das klingt spannend! Erzähl mir mehr.

H: Menschen haben sieben (Haupt-)Chakren, deshalb. Jedes davon strebt nach seinem höchstmöglichen Idealzustand; der höchsten, in diesem Leben erreichbaren Schwingung. Die Sieben ist deshalb eine heilige Zahl.

Zum Beispiel kann sich dein Wurzelchakra nach dem absoluten Zusammenhalt eines afrikanischen Dorfes sehnen, oder dein Halschakra nach der Verkündung einer ganz bestimmten Wahrheit. Sehr oft sind es die Gefühlszustände, die dir in der entsprechenden Situation beweisen, dass du am Ziel bist. Applaus von 40.000 Menschen und die damit verbundene Euphorie könnte dir zum Beispiel zeigen, dass dieses Streben zum Ziel gekommen ist. Oder das vollkommene Gefühl, drei Menschen während eines sexuellen Zusammentreffens exakt gleich viel zu lieben – universell eben. Und so weiter und so fort. Nur eines der Chakren behandelt die romantische Liebe zweier Menschen ... und dennoch wird euch heute das Ziel der erfolgreichen romantischen Partnerschaft als das ultimative Ziel angepriesen. Wer in den Ehehafen eingelaufen ist (wahrscheinlich noch mit Kindern in der Formel), der wird bei Unmut schnell gefragt: »Wie, du willst noch mehr? Du hast doch schon Liebe und Familie!« Du spürst hier schon wieder die bei euch immanente Spannung zwischen Mann und Frau. Der Frau wird gesagt: »Du hast doch Familie«, dem Mann »du hast doch den tollen Job.«

Ich kann mich hier nur wiederholen: Jeder von euch strebt nach sieben Dingen! Zugegeben, die meisten dieser Dinge sind euch nicht bewusst, weil sie zu hoch schwingen. Es ist aber auch nicht nötig, dass sie euch bewusst sind. Gerade auf die obersten beiden Chakrenziele arbeitet ihr meist unbewusst hin. Will heißen: im Schlaf.

T: Das klingt großartig! Endlich mal etwas im Leben, was scheinbar einfach ist!

H: Hehe. Scheinbar, ja.

T: Höre ich da ein aber?

H: Nein nein. Aber so lässt sich viel erklären, worüber ihr rätselt. Ihr könnt ja manchmal gerädert aufwachen oder traurig oder euphorisch. Das ist der Grund. Irgendetwas in der Anderswelt hat in dieser Nacht dann sehr gut oder überhaupt nicht funktioniert. Es ist auch der Grund, warum du neun Stunden Schlaf brauchst und andere nur fünf. Keins davon ist besser als das andere, die Ziele und Aufgaben sind einfach anders verteilt.

T: Leider ist unsere Zeit heute um, liebe Harpyie. Aber lass uns in jedem Fall zu diesem Thema zurückkommen, ja?

H: Gern. Und du trainierst in nächster Zeit mal, die sieben Dinge im Leben anderer Leute zu erkennen, ja?

T: Mache ich!

Tag 10:
Die schwarzen Flügel des Zorns

10.08.2020

[Ich war für einen Medientermin in ein winziges Örtchen kurz vor der österreichischen Grenze eingeladen. Leider gab es allerdings weniger Pensionszimmer als Gäste, und am Ende musste ich mir selbst organisieren, eines mit einem (sehr lieben!) Jenseitsmedium zu teilen. Eine Entschuldigung oder irgendwelche Anstrengungen von Pensionsseite oder dem Gastgeber habe ich für diesen Umstand nicht gehört. Mit einer entsprechenden Laune ging ich abends in mein Channeling.]

T: [sitzt irgendwie auf dem Bett, hat jetzt schon Rückenschmerzen.]
H: Setz dich gerade hin, wenn du mich triffst, Schätzchen.
T: Ich bin endlos verschwitzt, müde, und ich fühle mich hintergangen. Dennoch hast du natürlich recht.
H: Siehst du wie du – wieder! – deinen Ärger verboten bekommen hast? Niemand hat es für nötig gehalten, dir auch ein Zimmer freizuhalten, aber deshalb musst du ja bitte nicht gleich zickig werden! »Zickigkeit steht euch nicht«, sagen Männer. Ich sage: »Ein guter Schuss Zorn steht jeder Frau.«

T: Da sagst du was. Es ärgert mich maßlos, erst eingeladen und dann übergangen zu werden!

H: Und das sollte es ja auch. Doch nun hat sich alles neu gefügt und ihr [meine Zimmergenossin und ich] werdet schon das Beste daraus machen.

T: Da hast du absolut recht. Bevor wir uns also ganz in meinem kleinen Alltag verlieren: Was ist die wichtigste Lehre des Tages, liebe Harpyie?

H: Dass Zorn ein gesundes Maß hat und demnach in jedes Leben hineingehört. Es ist, wie diese nette Frau aus dem Buch »Language of Emotions« [Karla McLaren] sagte: <u>Sieh den Zorn kommen, erkenne ihn an und dann leite ihn in deine Aura.</u>[2] <u>Dort kann er signalisieren: »Du hast mein wütendes Feuer entfacht – sei überaus vorsichtig, was du als Nächstes sagst und tust!« Wut zeigt dir, dass Grenzen nicht beachtet wurden.</u> Auch dies hat dir jenes Buch beigebracht. Vor Jahren schon.

Auch von deiner Zimmergenossin kannst du noch viel lernen. Sie hat viel Feuer in ihrer Aura – und bei Gott, habe ich ihr Gründe dafür gegeben. Aber sie hat mich bezwungen. Nutzbar gemacht. Was dir niemand sagt: Du kannst Zorn einreiten wie einen jungen Hengst. Trainieren wie einen Raubvogel. Niemals aber kannst du mich töten, wenn ich schon bei dir bin. Wer zu dir kommt und sagt, er habe keinen Zorn, der lügt. Ganz simple Sache. Den wahren, <u>durchlebten</u> und dadurch gezähmten Zorn siehst du in den Augen deines Gegenübers. Als beinharte Stärke, wenn alles gut gelaufen ist – oder als gefräßiges Feuer, wenn etwas falsch gelaufen ist.

---

[2] Die praktische Übung hinten im Buch zeigt auf, wie man sich energetisch auf einen Konflikt vorbereiten kann!

[Ich werde von einem plötzlichen Pfeifen im Ohr abgelenkt. Das passiert mit schon mein ganzes Leben lang.]

T: Wer schickt mir immer diesen Tinnitus?

H: Das sind Anpassungsschwierigkeiten. Ein weißes Rauschen in deinem »Radio« namens Gehör. Es bedeutet nichts besonders.

T: Es tut mir leid, ich bin heute nicht so richtig bei der Sache. Die äußeren Umstände sind alles andere als ideal ... Lass uns trotzdem das Thema Tinnitus bald weiter bearbeiten bitte.

H: Sicher. Ich setze es mit auf die To-do-Liste.

T: Du bist die Beste.

[Sia's »The Greatest« spielt.]

T: Danke für den Song, das habe ich gerade gebraucht.

[Die Harpyie stellt sich hinter mich und breitet ihre Flügel aus. Es fühlt sich an, als wären es plötzlich meine!]

T: *Wow*!

H: So viel für jetzt. Mehr geht nicht. Gäbe ich sie dir dauerhaft – beziehungsweise würdest du sie mir wegnehmen – so würdest du per Definition zu einem Dämon werden. Wusstest du das?

T: Nein. Ich dachte, Dämonen gibt es nicht?

H: Es gibt keine Dämonen, so wie ihr sie ihr euch meistens vorstellt. Aber Menschen haben früher die Frechheit (und Macht) besessen, sich bei Aspekten wir mir zu bedienen und zum Beispiel meine Flügel an sich zu nehmen. Und in jedem Märchen der Welt erfährst du, wie das ausgeht. Spoiler: NICHT GUT!

[Nachtrag zum besseren Verständnis: Vielleicht ist euch schon aufgefallen, wie perfekt die Geschehnisse dieses Tages zum Thema der Harpyie gepasst haben? Wie meine Helferin sich sofort dem so offensichtlich vor uns liegenden Thema widmen konnte? Wäre die Sache mit den Zimmern objektiv besser verlaufen, hätte ich an diesem Tag unter Umständen eine völlig andere Frage gestellt. Es wäre nie zu genau diesem Austausch gekommen. Und dann kommt die Frage auf, in welchem Maße uns unsere geistigen Helfer bewusst in Probleme hineinlaufen lassen. Das Gesetz der Anziehung ist schön und gut und ich glaube absolut, dass unsere Gedanken uns Wege öffnen oder verbauen können. Wie weit meine Interviewpartner jedoch zusätzlich gehen, um an einem gewissen Tag über einen ganz bestimmten Themenkomplex zu sprechen, das zeigt sich in solchen Momenten immer klarer. Denn selbst dürfen sie kein Thema anschneiden, es sei denn, ich frage ganz explizit.

Weiterhin zeigten die Reaktionen der anderen Event-Teilnehmer in dem Moment (Lachen, Schulterzucken) erst recht, dass sie das Spiel des Universums und das Gesetz der Anziehung verstanden haben und die Lösung sich von alleine präsentieren wird (wenn man sie lässt). Da ich selbst aber gerade mittendrin steckte in der scheinbaren Misere, wirkten diese Reaktionen bei mir ziemlich arrogant. So komplex sind selbst die kleinsten Missverständnisse!

Ach ja, und bevor ich es vergesse: Von Magie und Alchemie; von geliehenen Waffen, Segen, energetischen Werkzeugen und anderen »Superkräften« wird an Tag 19 noch gesprochen, und danach besonders viel im Interview mit dem Aspekt des Wissens.]

Tag 13:
Der weiße Minotaurus

13.08.2020

[Tag 11 & 12: Keine Sessions.]

[Heute kam zwar jemand, aber es war zum ersten Mal nicht die Harpyie! Weil ich Angst hatte, es würde den dritten Tag in Folge nichts passieren, habe ich meine Erwartungen gelockert und mich für andere Besucher explizit geöffnet. Und dann geschah es: Ich bekam das Gefühl, dass jemand auf meiner Bettkante sitzt. Eine schneeweiße Gestalt. Hager und mit hängenden Schultern. Außerdem hatte er/es einen Kuhkopf und Hörner. Ein Minotaurus.

Aber kein monströser, sondern ein müder, fast schon abgehalfterter Stiermensch. Er stellte sich mir als ›Belarus‹ vor. Ich wusste, dass Belarus eine Stadt oder etwas Ähnliches ist, aber da endete mein Wissen auch schon peinlicherweise. Dass das Land ›Weißrussland‹ in Wahrheit ›Belarus‹ heißt, ›bela‹ weiß bedeutet und dort gerade Tumulte und Proteste sind, erfuhr ich alles erst am nächsten Tag aus den Online-Nachrichten.

Weil ich das starke Gefühl bekam, dass dieses Wesen am Ende seiner Kräfte war, habe ich vorsichtig eine Hand auf seine Schulter gelegt und etwas Energie übertragen. Und als dieser Vorgang abgeschlossen war, sprach er auch endlich.]

B: Ich bin ein Zorneswesen, wie die Harpyie.

T: Sie wird heute nicht mehr kommen, richtig?

B: Nein.

[Da ich die Harpyie stark herbeisehne, setzt sich ein Vogel auf seinen Arm, aber es ist kein Adler und er wirkt seltsam flach.]

B: Dieser hier ist hübsch, aber er entspringt deiner Fantasie. Er trägt kein höheres Bewusstsein.

T: Er ist dennoch wunderschön.

B: Das in jedem Fall. Danke für deine Energie. Ich war kurz davor, zu vergehen, aber ich will noch nicht aufgeben. Ich darf nicht. Ich muss noch etwas durchhalten.

T: Ich habe das Gefühl, dass du sehr wichtige Arbeit leistest. Es tut mir leid, dass ich nicht mehr für dich tun kann.

B: Du tust schon sehr viel momentan. <u>Wenn du ihnen begegnest, hilf den verstreuten Aspekten. Weißt du, nicht nur Hunde und andere Tiere brauchen Rettung vor einer immer grausameren Welt.</u>

T: Ich werde versuchen, darauf zu achten. Ich bin glücklich, dich getroffen zu haben.

B: Du wirst in deinem Leben noch viele wie mich treffen.

T: Darauf freue ich mich schon jetzt!

Tag 14:
Im Käfig

14.08.2020

[Die Harpyie sitzt heute in einem riesigen Käfig.]

T: Da habe *ich* dich aber nicht hinein gesetzt.

H: Oh doch, oft schon. Auch andere setzen mich ständig hier hinein. Und ich kann es ihnen nicht verdenken, denn außerhalb des Käfigs kann ich durchaus viel Schaden anrichten.

T: Aber jetzt siehst du eher besiegt aus ...

H: [grollt] Ich sitze in einem verdammten Käfig, was erwartest du?

T: Warst du die ganzen letzten Tage dort drinnen?

H: Nein, nicht wirklich. Und auch der Minotaur hat nichts damit zu tun. Wir verstehen uns prächtig.

T: Wer also war es?

H: Ich möchte heute einfach, dass du spürst, wie sich das anfühlt, wenn ich zwar anwesend, aber handlungsunfähig bin.

T: Ich habe plötzlich einen Knoten im Bauch.

H: Sehr gut. So fühlt es sich an, wenn du dein Feuer nach oben zum falschen Chakra (nämlich zum dritten) ziehst. Ich verbrenne dort alles. Das kann jahrzehntelang so gehen. Und was bekommt man dann?

T: Ein Magengeschwür?

H: Zum Beispiel, ja! Oder Gastritis. Oder all solch unerfreuliche Dinge!

T: Ich habe ehrlich gesagt etwas Angst, dich da jetzt herauszuholen.

H: Warum? Ich war doch die ganzen letzten Tage dein ebenbürtiger Gesprächspartner.

T: Die Christen würden jetzt sagen, das war alles nur Show bisher. Damit ich dich freilasse.

H: Die Komiker. Wer von uns ist denn hier eine der schlimmsten Seuchen der Menschheit?

T: Ha, da hast du wohl recht.

H: Ich will mal fair sein. Vielleicht ist es früher mal vorgekommen, dass einige Aspekte nicht mehr zu halten waren für euch Kleingeister. ABER: So etwas kam schon immer mit einer fairen Warnung – und zwar bevor irgendwer den berühmten Stopfen aus der Flasche des Djinn zog. Und außerdem: Euer Wille ist immer euer stärkstes Werkzeug und wird es immer sein. Wenn ihr wollt, schickt ihr Sonne und Mond vom Himmel fort (okay, nur temporär, aber hey!). Schwach werdet ihr erst, wenn ihr nicht mehr wisst, was ihr wollt. Und vor allem dann, wenn ihr euch gar nicht mehr sicher seid, ob der Geist, den ihr da am Wickel habt, wirklich gehen soll …

T: Na gut, dann komm mal heraus da, liebe Harpyie. Aber wehe, du stellst mein Leben auf den Kopf.

[Der Käfig wird gesprengt.]

H: Uff. Besser.

T: Es fühlt sich alles genau so an wie vorher. Nur der Knoten ist weg. Alles fließt wieder etwas freier.

H: Was hätte ich davon, wenn ich dich erschrecke mit einer Kostprobe vernichtender Wut? Oder wenn ich wirklich dein Leben zum Schlechteren wenden würde? Ich bin wie die übrigen Aspekte darauf angewiesen, dass du in einer stabilen Situation bist, damit du unsere Sachen aufschreiben kannst!

T: Wohl wahr. Aber sag mal, was war denn nun los die letzten drei Tage?

H: Ich bin – wie die Elfen – nicht zu jedem Zeitpunkt gleich gut ansprechbar. Alles andere ist Mythos. Denk an die »Windows of Opportunity«. Nicht in jeder Zeitspanne ist alles gleich gut möglich. Und du hast dich auch nicht gerade mit Ruhm bekleckert die letzten Tage und rechtzeitig oder viele Minuten Stille eingehalten.

T: Touché. Ich gelobe Besserung! Aber sagt mal, gibt es Flaschengeister wirklich?

H: Das möchtest du jetzt gerne wissen, hm? Der Djinn ist wie euer Sams. Er zeigt euch als Figur eigentlich immer nur, dass ihr permanent falsch wünscht ...

Tag 16:
Tennis spielen mit
einem brennenden Ball

16.08.2020

[Tag 15: Keine Verbindung. Auch heute bekomme ich nicht gleich eine Verbindung und werde zunehmend zornig.]

H: Zorn? Ihr kennt doch gar keinen echten Zorn in eurem heutigen Europa. Zorn durchfließt dich, wenn du in dein Dorf kommst, und jeder einzelne Einwohner wurde zusammen mit deiner Familie hingerichtet. Zorn durchfließt dich, wenn du sieben Kinder aufziehst, nur um sie alle sterben zu sehen im sinnlosen Krieg eines größenwahnsinnigen Herrschers. Zorn? Nein ... ihr kennt keinen Zorn.

Da ist es eine gute Sache, dass Zorn keine Grundvoraussetzung ist, um mit mir zu sprechen. Ich diene der Rage außerdem nicht auf diese Art. Der Aspekt des Zorns hat keinen Grund, selbst zornig zu sein. Ich schwelge auch nicht darin. Menschen können mich mit ihrem Ärger nicht füttern, sie können ihn nur von mir leihen – in Form meiner Flügel zum Beispiel. Über die hatten wir gesprochen. Ich leihe euch die schwarzen Flügel des Zorns – sogar recht freizügig. Ihr habt nur vergessen (oder ihr solltet vergessen), mit welchen Ritualen ihr sie zurückgeben könnt. Dies ist so schädlich für eure Gesellschaften, dass es mit Worten nicht zu beschreiben ist.

T: Ich spüre, dass du die Musik magst, zu der gerade gewechselt wurde. Linkin Park?

H: I do! [»Das tue ich!« In dem Musiktext wird exakt in dieser Sekunde exakt das Gleiche gesagt.]

T: Wo warst du gestern? Ich habe unsere Gespräche vermisst. Du wirkst heute zerstreut ... oder liegt das an mir?

H: Nun, ich habe einfach nicht so viel zu sagen. Nicht annähernd so viel wie die Schlange, das ist mal sicher. Jormungandr würde eine zweite Runde mit 30 Tagen sofort nehmen, wenn du sie ihm anbötest, weißt du?

T: Und mich würde das auch freuen.

H: Ich benötige einfach nicht so viel von deiner Zeit. Du hast mich schon immer verstanden – gerade deshalb, weil du keine hasserfüllte oder rachsüchtige Person bist. Rache nehmen bedeutet, den Zorn zurück zu der Person zu schicken, die ihn bei dir verursacht hat. Das ist absolut verständlich ... es ist eine sehr menschliche Reaktion, wie ihr sagt. Rache nehmen bedeutet, mit einem brennenden Ball Tennis zu spielen – und dennoch zu erwarten, dass er deine Seite des Spielfeldes nicht verbrennt. Das ist natürlich unmöglich.

Ja, der Zorn wird dir die Stärke verleihen, ein Heer von 100.000 Männern niederzustrecken. Und manchmal muss das getan werden. Aber hüte dich davor, auch nur einen einzigen Mann an deiner Stelle auszusenden, wenn dich persönlich einer verärgert hat. Denn in diesem Fall tragen nun drei die Fackel des Zorns. Du kennst dieses Prinzip. Es ist die sogenannte »Spirale des Hasses«.

Tag 17:
Wenn Zorn dein Beruf ist

17.08.2020

H: Andauernder Zorn ist ein sehr hartes Brot. Und selbst wenn es am Anfang noch deiner war, dann wird die ganze Sache in dem Moment so richtig unheilig, wenn es auch dein Beruf ist, anderer Leute Zorn in gewisse Bahnen zu lenken. Du hast über diesen Umstand viel nachgedacht, seit sich dieser US-amerikanische Sänger vor drei Jahren selbst getötet hat. Er war endlich bereit, diese tonnenschwere Last abzusetzen … aber seine Fans ließen ihn einfach nicht.

Kannst du dir vorstellen, wie es sich anfühlt, wenn die schwarzen Flügel des Zorns, die von mir geliehen hast, nicht mehr deinen eigenen Zorn repräsentieren? Ja, Singen war sein Weg der Heilung – und Millionen Menschen konnten durch seine Stimme ihre eigene Rage in Worte fassen und verarbeiten. Er war wie ein wohlmeinender Blutegel, der den unendlich brennenden Druck aus deinen Adern saugen konnte. Bitte entschuldige das krude Bild. Aber lass uns zu dem Mann zurückkehren.

Ich sagte dir, dass du etwas anderes wirst, wenn du meine Flügel von mir leihst. Nicht sofort, aber mit der Zeit. Denn ich sage es noch einmal: <u>Du musst mir zurückgeben, was ich dir gewähre. Je schneller, desto besser.</u> Nun hatte mich dieser Mann beinahe sein ganzes Leben lang an seiner Seite. Das alleine ist schon traurig genug. Aber er musste zudem vor jedem Konzert Hand an mich legen und meine Kraft gebrauchen – oder im Grunde missbrauchen – denn dann wurde die Show fantastisch und war voller Energie!

Dann floss echter Hass von einem echten Mann auf einer echten Bühne. Ich kann ihn dafür nicht im Geringsten verurteilen. Aber stell dir vor, wie er zu mir kam – wissend, dass er nun wieder zu einem Leuchtturm des Hasses werden muss. Das Schauspiel starten muss, das nun mal sein Beruf geworden war ... selbst wenn er gerade eben sein Neugeborenes zum ersten Mal im Arm gehalten hatte. Wenn er sich gerade vollkommen glückselig fühlte. Zufrieden. Freudig.

Die Momente, die er sich am sehnlichsten wünschte – die Fröhlichen – wurden beschnitten, weil der Hass sein Anzug, Gesicht und Geschäft geworden waren.

[Die Harpyie schnieft einige Male.]

T: Also kann eine Harpyie doch weinen ...

H: Warum sollte ich die Trauer nicht kennen? Sowohl Hass als auch Trauer sind bodenlose Löcher und somit eine traurige Realität in meinem Verantwortungsbereich.

<u>Und dann, als dieser Sänger endlich genug von dem permanenten Hass hatte und sich auch an anderer Musik versuchte ... fraßen ihn seine Fans bei lebendigem Leib. Denn »Gottverdammt nochmal, wie</u>

kannst du es wagen, Heilung zu erfahren, während meine Seele weiter schmerzt?«

T: Ich habe das gerade nochmal nachgelesen … An einem Punkt gab es wohl deutliche Alarmzeichen, dass er sich entschlossen hatte, sich das Leben zu nehmen. Aber niemand hörte mehr darauf, weil die seelische Havarie für ihn schon lange der Normalfall war.

H: Die Sache ist die: <u>Während dich der Selbstmord NIEMALS deinen Platz im Paradies kosten wird, ist er doch nicht deine einzige Option. Das ist NIEMALS die einzige Option. Niemals.</u> Der Sänger hätte beispielsweise Frau und Kinderschar nehmen und vollständig von der Bildfläche verschwinden können. Er wäre niemals mehr in der Öffentlichkeit gesehen worden. Ich weiß, diese Erkenntnis ist nicht gerade bahnbrechend. Und ja, die Krankheit [Depression] folgt dir, wohin du auch gehst … aber er hätte eine echte Chance gehabt. Die hätte er sich mehr als verdient gehabt, meinst du nicht?

T: Das hätte er. Ich danke dir, meine liebe Freundin. Vielen, vielen Dank für deine Sicht auf diese Dinge.

Tag 19:
Ehre die Aspekte

19.08.2020

[Tag 18: Keine Verbindung.]

T: Liebe Harpyie, erzähl mir mehr über dieses Thema mit den Dämonen.

H: Aber gern. Ich hatte [an Tag 10] gesagt, dass ihr euch bei den Aspekten etwas Hilfe holen könnt. Um ein Zornthema aufzulösen, zum Beispiel bei mir! Oder, wenn ihr ein Meer überqueren müsst, bei den Aspekten des Wassers. Natürlich kann dieser »Segen« (eigentlich ein unpassendes Wort) nur bedingt helfen. Wenn deine Seele ausgemacht hat, in diesen Wassern zu ertrinken, kann dir kein Aspekt der Welt helfen. Aber abseits solcher Absprachen eben doch. Übrigens muss man für den »Segen« oder das Wohlwollen der Aspekte tatsächlich ein Opfer darbringen – aber ein energetisches, bitteschön! Diese Geschichten von geopferten Lämmern oder Söhnen sind Ausgeburten einer sehr bedenklichen Sichtweise! Einige ernsthafte Gedanken und Wünsche, eine Portion Dankbarkeit in unsere Richtung, ein paar Minuten Energietransfer ... und deine Reise wird leichter.

Und warum? Weil du dich dem entsprechenden Element oder Aspekt wissend, anerkennend und ruhig näherst. Weil du ehrenvoll handelst. Weil du nicht wie ein blinder Elefant durch den Wald walzt, nicht wie ein egozentrischer Segler das Meer verhöhnst; nicht mehr von dem Kraut pflückst, als es überleben kann.

Es kommt alles auf diese einfache Regel zurück:

Wer sich gut benimmt, der wird gerne erneut begrüßt!

Ist das so schwer zu verstehen? Oh, übrigens schlage ich hier ja nichts Gotteslästerliches vor, nicht wahr?

Wer sagt denn, dass der eine Gott seine sichtbaren Kinder so viel mehr liebt als seine Unsichtbaren? Nur weil du benennen kannst, dass du einen Tisch, einen Stuhl und ein Bett hast, wird doch das Haus nicht neidisch?

T: Okay, das habe ich kapiert, denke ich. Mit der Strömung arbeiten.

H: Go with the flow. Immer.

T: Ja. Was also passiert genau, wenn man sich Unterstützung nimmt, die einem nicht zusteht?

H: In dem Fall nähert man sich dem Aspekt ja nicht auf energetischer Ebene an. Man reißt viel mehr Stücke heraus und zieht sie möglichst weit auf sein Energielevel herunter. Ich will gar nicht verhehlen, dass einem dies einen unverschämten Schub geben kann. Kurzzeitig. Längerfristig kann aber niemand die Energie eines Aspektes halten. Erstens, weil die Energieportionen ja endlich sind (denk an die Kerze). Und andererseits, weil man von dem Fremdeinfluss wahnsinnig wird.

Wir sprechen hier ja nicht von besonders menschlichen Energien, wir sprechen von eher chaotischen Brocken. Man reißt wirklich besser keine ›rohe‹ Energie aus ihrem Organisationsgitter (Aspekt).

Das endet einfach nicht gut! Und jedes Buch, jede Legende, jede Geistergeschichte und jeder Film, der auch nur grob mit Magie zu tun hat, behandelt diesen Umstand. Seit Äonen!

T: Beispiele?

H: Uff. Der fliegende Holländer. Kryptonit, jeder ›Pakt mit dem Teufel‹, Doctor Strange, sämtliche Gen-Versuchsfilme (HULK etc.). <u>Der Held und der Bösewicht einer Geschichte unterscheiden sich meist dadurch, wie sie an ihre Kraft gekommen sind. Dem Helden wird sie geschenkt, der Böse nimmt sie sich.</u> Das ist die älteste und meisterzählte Geschichte überhaupt.

T: Held gegen Dämon.

H: Exakt.

T: Wow.

H: »Nimm nichts zu dir, was nicht zu dir gehört. Nicht Gedanke, nicht Wort, nicht Energie.« Na, kommt dir das bekannt vor?

T: Aber hallo, das ist ein Gesetz der Großen Göttin aus der Drachenkind-Chronik. Es steht ganz vorne im zweiten Band.

H: So ist es.

[Ich dachte damals, als ich es aufschrieb, dass dieses Gesetz eher den Umstand erklärt, warum meine elfischen Protagonisten kein Fleisch essen. Oder von dem Verbot, Elfen oder Menschen durch Taten oder Worte Energie zu rauben. Ich dachte nicht, dass man es derart gut auch auf den Planeten und all seine unsichtbaren Aspekte anwenden kann.]

Tag 22:
Wann sind Worte »leer«?

22.08.2020

[Nach zwei Tagen ohne Kontakt wegen Kurzurlaub.]

H: Weißt du, was »leere Worte« sind? Du kannst sie fühlen, aber weißt du wirklich, was sie sind? »Leere« Wörter sind solche, in denen keine Energie steckt. Menschen fühlen diesen Umstand, es gehört zum intuitiven Basiswissen. Aber was ist nun der Unterschied?

Nun, normalerweise gibt es:

1) den Gedanken
2) das Wort
3) die Tat

Es ist die heilige Dreifaltigkeit der Manifestation. Aber: Wenn du leere Worte sprichst, dann schneidest du diese logische Kette nach dem zweiten Schritt ab. Die Energie stoppt dort. Es kommt nie zu der Tat, der eigentlichen Aktion. Dass dies geschehen wird, spüren die Leute. Es ist wichtig, dass sie das können. Zugegebenermaßen machst du dich auch öfter dieses kleinen Energieverbrechens schuldig. Denn du fühlst ja jederzeit den Unterschied. Du sprichst einen Plan aus und weißt ganz genau, es ist kein Ernsthafter. Andere beherrschen das nicht und sind dann völlig überrascht, wenn du es nicht so tust oder irgendwo auftauchst, wie es lose besprochen war. Dein Ehemann spielt dieses Spiel noch viel extremer. Weil er aber Stoiker ist, könntest du selbst am besten aller Tage seine Intention nicht fühlen. Deine Frustration mit ihm ist die Gleiche, die andere bei dir fühlen. Und weißt du was? Lerne doch einfach, von Anfang an nein zu etwas zu sagen. Das sollte er auch. Denkt die Sache einfach in dem Moment durch (seien wir mal ehrlich, so lange dauert das nun auch nicht), und dann entscheidet. Ja oder nein. So kleine Worte, so ein großer Einfluss.

T: Wow. Ich bin schon wieder völlig hin und weg. Vielen Dank für diese Erklärung!

H: Ich bin noch nicht fertig.

T: Oh ... okay.

H: Hör auf, für dein Kind zu entscheiden. Du machst seine Verabredungen zum Spielen dann aus, wenn es dir passt. Auf diese Art wird er nie lernen, wie intuitiv gesteuerte Zu- und Absagen funktionieren. Im Idealfall nämlich so:

Stoppe dich selbst – Denke es – Fühle es – Entscheide es.

Du verwehrst ihm diese Möglichkeit. Hier hat dein Mann recht, böse mit dir zu sein – und du hast ein Recht darauf, böse mit ihm zu sein, weil er ein Kellerkind erzieht. Nun ja. Ich hoffe, du wirst dich ab jetzt mehr am Riemen reißen. Das wird euch guttun.

T: Das werde ich versuchen, ganz ehrlich. Danke dir. Tut mir leid, dass ich die letzten zwei Tage abwesend war.

H: Das ist okay. Ich sagte dir, ich werde die wichtigen Dinge schon gesagt und getan haben am Ende.

T: Oh, Mann. Nur noch eine Woche oder so, dann ist unser gemeinsamer Monat schon wieder vorbei. Das fällt mir ja gerade erst auf!

H: Oh, du wirst deinen nächsten Gast LIEBEN, das garantiere ich dir.

T: Oha, ist es ... die Liebe? Ich hatte schon seit einer Weile so ein Gefühl. Dass »Lillysander« zurückkommen wird – der Liebesgeist aus einer meiner unfertigen Geschichten.

H: [grinst breit] Es wird sehr ähnlich sein wie damals. Du wirst den September wirklich genießen.

T: Mein Gott, mein ganzer Körper reagiert gerade auf deine Worte, und ich habe diesen Aspekt noch nicht einmal so richtig kennengelernt und getroffen. Wahnsinn! Oh ... und danke für gestern. [Für die letzten Stufen zum höchsten Punkt eines berühmten Bergparks musste ich all meine Wut aktivieren, um die Kraft zum Weiterlaufen zu finden!]

H: Das habe ich sehr gerne gemacht. Ich sagte dir doch: »Ich bringe dich den Berg hinauf, wenn es für Hoffnung nicht reicht.« [Sie lächelt diabolisch.]

T: Es war fantastisch. Ich hatte so die Schnauze voll von diesen gottverdammten Stufen! Aber du gabst mir die Stärke, auch die Letzte davon zu erklimmen.

H: Nun, dann kennst du ja jetzt ein Millionstel der Kraft, die mir Alles-was-ist verliehen hat. Stell dir nur mal vor, der Preis wäre höher gewesen als zwei Münzen und eine Cola. [Ganz oben in dem Bergpark war ein Automat für Quetschmünzen, die mein Mann und ich sammeln. Und unerwarteterweise auch Gastronomie, wo wir ein wohlverdientes Glas Cola getrunken haben!]

T: Hehehe. Das hätte ich selber nicht besser sagen können!

Tag 24:
Vergangene Leben ergründen

24.08.2020

[Tag 23: Keine Verbindung.]

T: [zornig, weil mein Drachenkind Spin-off namens »Ghomon & Gorgonn« einfach nicht fertig wird.]

Ich könnte dieses Manuskript an die Wand klatschen!

H: <u>Nichts wurde jemals manifestiert, weil du es geschlagen hast, weißt du? Du kannst nichts in die Existenz prügeln. Das ist einfach nicht möglich.</u>

T: So viel dazu, dass du mir den Berg hoch hilfst, hm?

H: Nicht, wenn es der Falsche ist …

T: Wie kann das Manuskript bitte falsch sein? Wollt ihr Aspekte nicht, dass es veröffentlicht wird? Antworte mir.

H: Ich habe tatsächlich nicht viel Interesse an dieser Geschichte im Speziellen. Es ist mir egal, so herum oder so.

T: Aber es geht doch um eine Harpyie. Es ist dein Buch!

H: Nein, es ist das Buch, das die Elfen dich über mich schreiben ließen. Oder, lass es mich so sagen: Diese elfische Version, die du schreibst, weiß nicht besonders viel über mich. Es tut mir leid, das sagen zu müssen, aber dieses Buch dient mir nicht. Noch nicht.

T: Okay, erzähl weiter.

H: Es gibt Aspekte meiner Kraft, die fehlen.

T: Dann gib sie mir!

H: Das habe ich vor. Aber nicht heute. Warum die plötzliche Eile? Können wir nicht erst einmal unser Interview fertigstellen?

T: Ja, ich denke, das sollten wir. Ich bin nur so frustriert, weil offensichtlich *nichts* an dieser Sache in meiner Hand liegt. Ich kann absolut nichts tun ...

H: ... außer zur Arbeit erscheinen. Das kannst du tun. Und weißt du was? Das ist viel mehr, als die meisten Menschen tun. Warum beneidest du also weiterhin Menschen, die mindestens einen Teil ihrer Zeit in die falsche Richtung rennen?

[Blind Guardian spielt auf. In dem Lied geht es um einen schweren Weg, wo jeder Schritt schmerzt, um den man aber trotzdem froh ist, weil er von der noch schlimmeren Vergangenheit wegführt.]

T: Das ist das zweite Mal heute, dass ich über dieses Zitat stolpere. Warum? Warum treffen mich diese Worte so tief?

H: Nun, »die Vergangenheit« ist normalerweise die Zeit in deinem Leben, wo du weniger erleuchtet warst, denn alles hat sich immer weiterentwickelt und wird das auch immer weiter tun. Und selbst wenn es schmerzt, solltest du immer im Kopf behalten, dass du Transzendenz erreichen möchtest. Für dein eigenes Wohl. Du solltest immer der neuesten Idee entgegenstreben, oder den (scheinbar) neuen Lehren – und dich im Gegenzug entfernen von der Trauer und dem Schmerz, die deine lange(!) Existenz in einem Körper oder »in-story« mit sich brachte.

T: Das klingt sehr nach dem Prinzip, Karma aufzulösen.

H: Weil ich genau das meine.

T: Wie stellen wir das am besten an?

H: Indem ihr die vergangenen Leben lange und sehr genau anschaut. Du hast nur in kleine Teile davon angesehen und wurdest bereits von so viel befreit.

T: Das ist wahr. War ich schon einmal KünstlerIn?

H: ... ein Mal?

T: Au weia.

H: Ich möchte dich ermutigen, diese Leben anzusehen. Nimm deine Freundin A. mit. Ihr werdet sehen, dass Berühmtheit wie ein Lichtschalter funktioniert. An, aus. An, aus. Das ist alles Teil des Spiels.

T: Ich hätte Jormungandr damals an diesem einen Tag nicht sagen sollen, die Lektion abzukürzen. Ich bereue es immer noch.

H: Er wird's überleben. [lacht] Oder ... genau genommen wird er das nicht, weil er ja nicht körperlich lebt!

T: [grinst] Du verrückter Vogel.

Tag 25:
Das Gebet der Aspekte

25.08.2020

Heute fand keine Session im klassischen Sinne statt. Aber dafür kam das Grundgerüst für folgendes Gebet durch, das ich später für meine Zwecke perfektioniert habe, als ich alle Aspekte getroffen hatte. Ich würde mich freuen, wenn du ihm eine Chance gibst und es energetisch mal »anprobierst«.

Als Ansprechpartner kannst du selbstverständlich jemanden wählen, der für dich stimmig ist. Viele sprechen die Chakren vielleicht mit ihren indischen Namen an (Muladhara usw.) oder nutzen die Namen ihres eigenen spirituellen Helferteams. Andere bevorzugen mit einiger Sicherheit die Namen bekannter (Erz-)Engel. Ich bin mir ganz sicher, selbst wenn du im Zweifel immer nur das wunderbare Sammelwort »Gott« oder »Universum« verwendest, tritt der gewünschte Effekt auf. Ich war immer überzeugt davon, dass Gebete und Rituale grobe Richtlinien sind, die man wortwörtlich *nach Gefühl* aus den verschiedensten Ecken der Welt herauspicken und an sich anpassen kann, darf und sollte! Vielleicht habe ich die organisierten Religionen deshalb so schnell abgeschrieben, denn die meisten finden diese Freizügigkeit mit dem Quellmaterial gar nicht lustig. ;)

1) Liebe Harpyie,

aus den Tiefen der Erde ziehe ich das ewige FEUER

hinauf in meine Füße. In meine Beine. In meine Hüfte.

Ich weiß: Wie in unserem Planeten, so brennt auch in mir ein

heiliges Feuer, das mir die Kraft gibt, alles zu verändern, was mir

nicht mehr dient. Ich habe KRAFT, und du hast sie mir aufgezeigt.

Ich danke Dir.

2) Liebe Muse,

ich ziehe die nährende Kraft der ERDE

durch meine Beine hinauf in meinen Bauch.

Ich weiß: Wie im Boden, so wohnt auch in mir eine heilige

Fruchtbarkeit. Sie gibt mir die Kraft, alles zu schöpfen, wonach ich

mich sehne. Ich ERSCHAFFE, und du hilfst mir dabei.

Ich danke Dir.

3) Lieber Jormungandr,

aus allen Ozeanen und Flüssen des Planeten ziehe ich die

ausgleichende Kraft des WASSERS in meinen Körper. Ich weiß:

Ich bin so kraftvoll wie eine hereinbrechende Welle und so gütig wie

ein Wassertropfen in der Wüste. Wasser, unser höchster Lehrer der

Balance, findet immer seinen Weg – und das tue ich auch.

Ich bin in BALANCE, und du erinnerst mich daran.

Ich danke Dir.

4) Liebste Lillysander,

aus allen Ecken des Universums ziehe ich LIEBE und Licht in mein Herz und meinen Körper. Ich weiß: Ebenso grenzenlos wie das Universum ist die Liebe. Ich LIEBE und werde geliebt; und du hilfst mir, mich daran zu erinnern.

Ich danke Dir.

5) Liebe Elfen,

aus der frischen LUFT über mir ziehe ich einen tiefen Atemzug in meine Lungen, sodass ich meine tiefste Wahrheit sprechen kann. Ich weiß: Mein Wort transportiert meinen stärksten Willen und mein großartigstes Vorhaben. Meine Worte sind der Beginn aller Manifestation. Ich SPRECHE und werde gehört; und ihr helft mir dabei.

Ich danke euch.

6) Lieber Meister Kei Yu,

aus allen unsichtbaren Kräften des Äthers ziehe ich WISSEN hinunter in mein drittes Auge. Ich weiß: Dieses Ritual wird meine Verbindung stärken zu all den Antworten, die ich suche.

Ich WEISS, und du hast mich dies gelehrt.

Ich danke Dir.

7) Lieber Rat der Farben,
vom höchsten Rat alles Lebendigen, von den Wächtern des Universums und dem allumfassenden Äther ziehe ich krönende Weisheit auf mich hinab. Ich weiß: Diese Energie reist meine Wirbelsäule hinab, bis jede einzelne Zelle sich ihres göttlichen Ursprungs bewusst wird. Ich bin WEISE, und mit eurer Hilfe werde ich jeden Tag weiser.
Ich danke euch.

Tag 26:
Eine Glitzerbombe namens Universum

26.08.2020

[Keine echte Verbindung bekommen heute, nur dieses Bild: Der Urknall gleicht einer Glitzerbombe. Jeder Planet, Mensch etc. ist ein glitzerndes Teilchen. Bewegen sich all die Teilchen nach dem großen *BUMM* nach unten und außen, bekommen wir Zeit und Raum. Am Ende rutschen alle Teilchen wie über einen Trichter wieder in ein Gefäß, dann kann die nächste Glitzerbombe zünden. Kein einziges, glitzerndes Teilchen geht jemals verloren!]

Tag 27:
Der Liebesgeist erscheint

27.08.2020

[Heute habe ich neben der Harpyie auch »Lillysander« getroffen, eine Buchfigur aus einem absoluten Herzensprojekt, das bisher leider unveröffentlicht blieb. Schon damals war mir allerdings klar, dass sie der Geist der Liebe ist. Nur dachte ich damals eben noch, sie wäre ein Produkt meiner überbordenden Fantasie! Der kommende Band dieser Reihe wird von ihr und dem Thema Liebe handeln.

Wir drei haben etwas herumgeblödelt. Irgendwann stellte sich die Harpyie hinter mich und breitete wieder ihre Flügel aus. Es sah also so aus, als wären mir schwarze Flügel gewachsen.]

H: Na, Lilly, wie sieht das aus?

L: Ich liebe es!

T: Ha, was sollst *du* auch sonst sagen.

L: [grinst] Ja, stimmt schon.

T: Es tut mir leid, ich zweifle schon wieder. Bist du wirklich da?

[Lillysander kommt an mich heran und legt einen Finger auf meinen Solarplexus. Die fließende Energie ist *der Wahnsinn*!]

T: Wooooahhh ...

[Der Aspekt der Liebe lächelt und strahlt mich an mit der Kraft einer Sonne.]

T: Danke, das war klasse! Leider ist der Entzug von deiner Energie natürlich sehr heftig.

L: Ich weiß, tut mir leid.

T: Lass mich raten, du hast dich sogar noch zurückgehalten.

L: Klar. Ich habe mehr Liebe im kleinen Finger, als viele Menschen in einem ganzen Leben geschenkt bekommen. Leider. Dabei ist genug für alle da. Ehrlich!

T: Du bleibst also den nächsten Monat bei mir?

L: Ja, gerne. Deine Einladung war ja laut genug.

T: Mir schwant langsam, dass ich am Anfang dieser Reise wirklich übertrieben habe mit meinem »ich bin offen für alles und jeden, der reden mag«!

L: Och ... für uns war es ja gut. [grinst] Und für dich natürlich auch, das spürst du ja. Außerdem kann man freier einladen, je fester die eigenen Hausmauern sind. Und auf deiner Stufe konnte nur etwas Förderliches passieren. Alle anderen Energien brauchten nicht mehr bei dir zu klopfen, es wäre zwecklos.

T: Das ist doch mal ein Kompliment! Liebe Harpyie, ich hoffe, du kommst nicht zu kurz heute?

H: [stöckelt vorbei, lacht.] Wie ich schon sagte, ich bringe meine Nachricht schon an die Frau.

T: Mir fällt auf, dass ihr beide euch nie nahe zueinander stellt. Seid ihr nicht im Grunde Gegenspieler?

H: Du hast schon recht. Unsere Energien stoßen sich gegenseitig ab.

L: Abgesehen davon, dass ich den Aspekt des Zorns nicht hassen kann, weil ich die Liebe bin, habe ich eine noch bessere

Vorgehensweise ihr gegenüber. Ich verstehe, warum sie existieren muss. Das ist noch wesentlich besser, als sie nur zu tolerieren oder zu mögen.

T: Ich habe dich *so* vermisst.

L: Ich weiß. Aber ich war doch bei dir! Du hast mich doch jeden Tag … in deinem Mann, deinem Sohn, deinen Freundinnen.

T: Aber ich habe unsere Gespräche vermisst. Sie sind wie kühlendes Wasser in der Wüste.

L: Ich will ja nicht den Finger in die Wunde legen, aber nun weißt du, warum Menschen zum Trost in der Bibel lesen. Oder in »Gespräche mit Gott«. Oder in deinen Büchern. Oder in Tolkiens Werken, oder in tausenden anderen. Früher gab es eben nur die Original-Bibel, und das ist ein Umstand unendlicher Traurigkeit für mich. Das war das Einzige, was ihnen gegeben wurde. Alles, was von mir blieb.

Ein Gesetzbuch.

T: Wir machen es besser, versprochen.

L: Darauf freue ich mich. Das wird groß.

Tag 29:
Angekettet an
die Maschine

29.08.2020

[Tag 28: Keine Session.]

H: Es ist eine der ewigen Fragen auf der Erde: »<u>Warum gibt es so viel Zorn auf der Welt?</u>« Wenn ich eine simple Antwort geben sollte, dann diese: <u>Ihr seid sehr unvorsichtig mit den Versprechen an eure Kinder.</u> [Siehe auch Tag 5.]

Erzählt ihnen nicht, dass sie es später gut haben werden, wenn sie nur viel arbeiten. Denn die Welt funktioniert so nicht.

Erzählt ihnen nicht, dass die Eheschließung der Punkt im Leben ist, ab dem alles wunderbar wird. Denn das Leben funktioniert so nicht.

Und erzählt ihnen niemals, dass die Zeit, die sie anderen Menschen oder ihrem eigenen Projekt widmen, verlorene Zeit ist. Denn das Universum funktioniert so nicht. Es kennt keine vertane Zeit. <u>Im Kosmos gibt es keine Umwege.</u> Der Zorn der Kinder, die in ihre Kraft kommen, endlich etwas leisten wollen und dann feststellen, dass sie belogen wurden, ist <u>in jeder Faser</u> berechtigt.

Als Baby schon seid ihr euch voll bewusst, dass ihr nicht agieren könnt. Als Kleinkind entdeckt ihr, dass euch wenigstens der Schlüssel zur »Nicht-Aktion« gegeben wird – das Nein. Aber wie und zu was ihr unbedingt ja sagen solltet, das wird euch nicht verraten.

Als Jugendliche treibt ihr das Nein auf die Spitze – wenn ihr könnt! Aber viel zu oft könnt ihr nicht. Wer kann ernsthaft nein sagen zu Schule, Ausbildung und Familienzwängen? <u>Die Apathie rettet die Seele der Jugend – und sollte euch doch in höchstem Maße alarmieren.</u>

Und dann endlich kommt der magische Punkt: Auszug, Studium, der erste Job. Ein paar Jahre lang wackelt die Lüge, dass nichts verändert werden kann. Aber dann fallt ihr endgültig vom Glauben ab. <u>Du begreifst: Du darfst nichts ändern!</u>

Sonst bist du ein Gefährder, ein Stürzer des Status quo. Der Spruch, den du vor kurzem gelesen hast, war durchaus richtig: <u>»Depression ist die Belohnung fürs brav sein.« Der Lohn für ›Maloche‹ heißt nicht Reichtum, er heißt Burnout.</u> Und warum? Weil wir im Hintergrund walten. Weil wir einige kleinste Gesetze geändert haben.

Warum konnten Menschen früher 16 Stunden am Tag arbeiten und nicht sofort ausbrennen? Wo liegt der (heute so oft beschworene) Unterschied?

Ich sage es dir: Du kannst eine Maschine 16 Stunden pro Tag mit 1.000 Umdrehungen pro Minute laufen lassen und ihr Tagwerk ist getan. Du kannst sie aber auch zwei Stunden lang auf 40.000 Touren laufen lassen und das Resultat von vielen Arbeitstagen sehr schnell erhalten. Wird die Maschine halbwegs gepflegt, ist das jahrelang möglich.

ABER: Ihr versucht in letzter Zeit, auf 40.000 Touren zu laufen – 67 Jahre lang. Am besten 24 Stunden am Tag, 7 Tage die Woche. So ist das neue Versprechen der Oberen. Der Fortschritt wird negiert, von all eurer schnellen Technik habt ihr nichts. Und ihr könnt nicht verhindern, dass der Planet (und ihr) auf 40.000 Touren läuft. Die Zeit-Energie ist die Zeit-Energie. Kein Mensch hat die Macht, diese zu ändern. Ihr könnt nur IN DEN NÄCHSTEN GANG SCHALTEN – und der heißt Freiheit.[3]

Diese sprichwörtliche Maschine wird sich totlaufen, das ist kein Scherz. Sie wird in einem Feuerball ihr Leben aushauchen. Sie schreit und quietscht – und ihr schreit mit, denn ihr steht angekettet daneben. Was ihr nicht wisst: JEDER von euch hält eine Hand am Schalthebel. Mindestens.

Also hört endlich nicht mehr auf den, der euch sagt, dass der nächste Gang unerreichbar und das gequälte Schreien von Mensch und Maschine gottgegeben ist. Lasst sie stehen – oder treibt sie von ihren Posten, wenn es nicht mehr anders geht. Nicht weniger als euer Seelen-Heil hängt davon ab.

---

[3] Die Muse hat in ihrem Interviewmonat maßgeblich weiter zum Thema Freiheit beigetragen. Auf meinem Blog findet ihr mehr dazu.

Tag 30:
Gelassen bleibt nur der,
der Zornes Gründe kennt

30.08.2020

T: Liebste Harpyie, ich danke dir aus tiefstem Herzen für diesen Monat. Ich muss sagen, ich war in diesen Tagen viel seltener zornig als sonst! Man sollte meinen, dass der Aspekt des Zorns eher das Gegenteil bewirkt, aber ich war wirklich selten so ausgeglichen wie in unserer gemeinsamen Zeit.

H: Ich sagte doch: Es hätte keinen Sinn, die Menschen ständig zornig zu machen. Denn wer zornerfüllt ist, der lernt (noch) nicht. Der kann (noch) nicht zuhören.

Ehre deinen Zorn – und Themen, die ihn dir bringen. Das Muster zu erkennen in deinen Zornpunkten (Triggern) wird dich in ungeahnt großen Schritten voranbringen. Mehr ist hier im Moment nicht zu sagen.

Leih dir meine Flügel, wenn dich jemand offen bedroht. Glaube mir, derjenige wird den Unterschied spüren, ob er will oder nicht. Und dann lerne, die Gründe für Zorn zu erkennen. Allzu oft stecken dahinter Erschöpfung, Angst und alte Muster, die eigentlich nicht mehr dienlich sind (Trigger).

Gelassen ist nicht der, der keinen Zorn hat. Ich sage dir, das ist unmöglich! (Selbst Jesus konnte die heißen Wellen des Zorns spüren. Warum auch nicht?!?) Gelassen bleibt nur der, der Zornes Gründe kennt. In sich und in anderen.

Bist du frei von Zornes Wirkung (Rage, bösen Worten, Streit, Häme), so rückt die Freiheit in greifbare Nähe.

T: Danke. Danke, danke, danke! 1.000 Mal und mehr.

[Eine sehr starke, ruhige Energie durchströmt mich. Sie ist ähnlich wie das Kribbeln bei tollen Musikstellen, aber einfach vollkommen ruhig.]

H: Mein Abschiedsgeschenk an dich. Du hast mir – und dir selbst – im vergangenen Monat einen großen Dienst erwiesen. Und so etwas vergessen die Aspekte nicht.

T: Werde ich jetzt nicht mehr jeden Tag Federn am Wegesrand finden?

H: Nein, das hört jetzt auf. Es war ziemlich auffällig, was?

T: [lacht] Ach, nur ein wenig!

H: Der Aspekt der Liebe wird seine eigenen Zeichen senden. Lillysanders Repertoire ist ungleich größer als meines, so muss ich neidlos sagen. Du wirst ihren Segen jeden Tag sehen und spüren.

T: Das wird unglaublich.

H: Glaube es. Wisse felsenfest, dass wir an deiner Seite sind.

Schlussgedanken zur Harpyie

Die Harpyie ist nach den Elfen ein weiterer Aspekt, der sich schon in mein Leben geschlichen und mir Dinge erzählt hatte, als ich noch ausschließlich Romane schrieb. Sie taucht als Konzept vielfach in meiner Drachenkind-Reihe auf (und stellt dort im Grunde das Ego dar). Aber auch in der Mythologie gibt es neben der Harpyie einige weitere interessante Sinnbilder des Zorns. Ein besonders spannender ist sicherlich der »Donnervogel« der amerikanischen Ureinwohner-Stämme.

Die Griechen hatten bzw. haben ihre »Nemesis«, die Göttin des gerechten Zorns. Schon wieder eine Frau, manchmal sogar dargestellt mit Flügeln. So ein »Zufall« aber auch, hm?

Und bevor wir eine der einflussreichsten Religionen aller Zeiten vergessen: Bei den Christen taucht der Zorn zwar nicht automatisch in Form geflügelter Frauen auf, bildet aber eine Todsünde! Dabei muss man, wie ich finde, immer *sehr* vorsichtig unterscheiden, wann Zorn ein gerechter Ärger über eine unfaire Situation ist, und wann er umschlägt in blinde Vernichtungswut. Menschen immer nur zu befehlen, jeden Anflug von Ärger gefälligst zu unterdrücken, ist schlicht und simpel ein religiöses, soziales und politisches Machtinstrument. So hält man Leute eben klein.

Ich will hier nicht zu tief einsteigen, aber der Wikipedia-Artikel zur »Todsünde« ist gar keine schlechte Lektüre. Dieser geht vor allem darauf ein, dass eine Todsünde »mit vollem Bewusstsein und mit bedachter Zustimmung«, also unter Einsatz des eigenen freien Willens begangen wird. Und sein wir mal ehrlich, wer ist schon im Alltag *aus freien Stücken* zornig, und nicht aus Reflex heraus, weil er/sie getriggert wird?

Für den Moment will ich es dabei belassen, aber ich habe bereits mit einem anderen Aspekt mehr über die Todsünden gesprochen. Diese Texte werden ebenfalls auf meinem Blog und ich Buchform erscheinen, wenn ihre Zeit gekommen ist.

Vielleicht das faszinierendste überhaupt an der Harpyie war der Umstand, dass sie selbst *nicht* mit der Energie des Zornes auftrat. Sie sagte ja auch in unserer letzten Session »Gelassen bleibt nur der, der Zornes Gründe kennt«. Und wenn irgendjemand die vielen Gründe kennt, aus denen wir Menschen zornig werden, dann ist es wohl die feinstoffliche Manifestation des Zornes selber, die uns seit Anbeginn der Zeit hindurchbegleitet und uns ihre schwarzen Flügel leiht – hoffentlich nur solange wie nötig und so selten wie möglich.

Wenn es aber doch mal soweit kommt, dass du Beistand beim Thema Zorn benötigst, versuch doch mal die folgende Übung, die in direkter Kooperation mit der Harpyie entstanden ist. Wende sie zuerst auf eines deiner »Dauerbrenner-Themen« an. Hast du seit Jahren Diskussionen mit dem Nachbarn? Tritt auf Arbeit immer der gleiche Effekt auf, der dir wertvolle Zeit stiehlt oder bereits erreichte Meilensteine zerstört? Meditiere zuerst zu diesen Themen, die nicht akut brennen. Mit etwas Übung kannst du dich dann auch spontan besser rüsten, wenn jemand dich unvorbereitet zur Krisensitzung einbestellt (und die Kollegen per Buschfunk bereits vermeldet haben, dass die komplette Schuld auf dir abgeladen werden soll). Spüre die Unterschiede. Wie groß war dein Zorn vor der meditativen Übung, wie groß danach? Hast du eventuell eine Einsicht gehabt über die Situation und die Zwänge des anderen? Und ganz wichtig: Wenn du die schwarzen Flügel des Zornes dann zurückgibst und der Kampf vorbei ist, spürst du den Unterschied? Spür hinein, wie schön es ist, nicht zornig sein zu *müssen*.

Übrigens: Psychologen könnten mir vorwerfen, dass ich den Zorn externalisiere – also so tue, als wäre es nicht meine eigene Wut, sondern etwas, das außerhalb von mir existiert und ich somit in meiner Eigenwahrnehmung lieb, klein und nett bleiben kann, denn der »böse Zorn« kommt ja von außen.

Nichts davon ist meine Intention. Ganz im Gegenteil: Der Aspekt des Zorns kann nur mit uns Kontakt knüpfen, weil es unserer Natur entspricht, zu dieser Emotion fähig zu sein. Es gäbe keinerlei Möglichkeit für diesen Aspekt, bei uns »anzudocken« und verständlich mit uns zu kommunizieren, wenn wir Menschen das Potenzial für Wut nicht in uns trügen. Dennoch empfehle ich, dass du dich auch mit deinem inneren Kind und seinem Ärger beschäftigst. Die Übergänge sind hier, wie ich glaube, absolut fließend, denn der Aspekt des Zornes bildet ja gerade einen Spiegel für euer Innerstes. Er ist ein Werkzeug, um Wut in einen Energieschub zu verwandeln, damit Veränderung geschehen kann. »Ich bin das Ende aller Apathie« (Tag 1) fand ich persönlich einen der stärksten Sätze der Harpyie überhaupt.

Praktische Übung:
Die Flügel des Zorns

Die Harpyie erwähnte mehrfach ihre »schwarzen Flügel des Zorns«, unter anderem an Tag 10. Sie an sich zu nehmen bedeutet, eine Art Schild an sich zu nehmen – es ist eine bewusste Kampfesvorbereitung. Aber wie nimmt man diese nun an sich? Wie bereitet man sich auf einen Konflikt vor, und sollte man immer im Kampf-Modus sein? Selbstverständlich nicht.

Kung-Fu zum Beispiel lehrt zum Großteil, es gar nicht erst zum Kampf kommen zu lassen. Auch der Buddhismus lehrt Konfliktvermeidung. Aber unsere moderne Welt funktioniert so eben nicht. Wenn du in einem Meeting mit Verein, Vorstand oder Familie die ersten fünf Minuten deeskalierend wirkst – wunderbar. Aber wenn die Anwesenden die Konfrontation wollen, muss die Taktik geändert werden – was natürlich zuerst energetisch geschieht. Ich weiß, das Gerede vom »richtigen Mindset« ist etwas ermüdend, aber es bleibt dennoch wahr!

Die folgende Übung enthält also zwei Seiten des gleichen mentalen Vorgangs: Sie zeigt, wie du einerseits ein Zornesschild respektvoll aus der geistigen Welt leihen kannst, und wie du diesen helfenden

Gegenstand andererseits nach dem Kampf wieder zurückgibst. Und nun übergebe ich abermals der Harpyie das Wort!

....

1) Such dir zuerst ein passendes Bild, wenn du mich – den personifizierten, gerechten Zorn – noch nicht kennst. Eines, das mich deiner Meinung nach stimmig darstellt. Das ist ganz und gar deinem Geschmack überlassen. Es könnte ein Kunstwerk von Thor, Odin oder Zeus sein; eines von einem Rache-Engel, oder ein modernes Werk, auf dem nur viele abstrakte rote Striche sind. Die Farbe rot kann generell helfen bei deinem Gesuch.

2) Schließ die Augen und begib dich zu deinem geschützten, mentalen Raum in deinem Innersten. Betritt deine weiße Matrix, versetze dich auf deine Zauberwiese, zieh eine weiße(!) Schutzblase um deine Seele, rufe deine geistigen Helfer ... tu, was auch immer für dich funktioniert.

3) Kontaktiere den Zorn. Geh zu dem Wesen auf dem Bild, wenn du dich auf die nahende Konfrontation vorbereitest. Das erscheint dir albern? Nun, jede magische Praxis der Menschheit funktioniert seit

Anbeginn der Menschheitsgeschichte im Grunde genau so. Und falls es dir gefährlich erscheint, den Zorn zu treffen: Was glaubst du, liebe Seele, wie gefährlich es ist, energetisch unvorbereitet zu einem angekündigten Kampf zu erscheinen? Weißt du, was da alles passieren kann?

3) Erbitte einen Zornesschild. Es können schwarze Flügel sein, aber es kann ebenso gut etwas viel Persönlicheres sein. Der Gegenstand wird zu hundert Prozent zu dir passen, und was sich nicht stimmig und rüstend anfühlt, das nimm nicht an. »Bittet, und euch wird gegeben« – der Spruch hat Bestand. Dennoch bist du Herr oder Meisterin in diesem Vorgang! Sei daher äußerst wachsam, wenn dir eine Waffe angeboten wird, Waffen sind für den Angriff, Schilde sind zur Verteidigung gedacht. Ein hohes, vertrauensvolles Wesen wird dir mit einiger Wahrscheinlichkeit Rüstzeug geben, kein Schwert. Alles andere müsste dieses Wesen schon sehr gut begründen!

4) Halte deine Verteidigungslinie. Hier treten wir in die aktive Phase ein: Die gegnerischen Parteien sind versammelt, es ist Showtime! Egal, ob du diesen Teil in deiner Meditation simulierst oder ob du tatsächlich körperlich in eine Konfliktsituation gehst: Jetzt zählt es! Dein geliehenes Objekt und dein gerechtfertigter Zorn schützen jetzt

die Grenzen zwischen dir und den anderen. Grenzen, die nur allzu gerne und leicht überschritten werden. Halte deinen Standpunkt, aber greife nicht an, hörst du? Ein (Gegen-)Angriff bedeutet, dass du die Grenze, die dir doch eben noch so wichtig war, selbst überschreitest und deinen zu verteidigenden Punkt selbst verletzt (und den des Gegenübers ganz nebenbei auch). *Dafür* leiht die geistige Welt dir den Schutz eigentlich nicht. Es ist zudem dreifacher Vertragsbruch: dir selbst gegenüber, dem anderen gegenüber, und deinen geistigen Helfern gegenüber!

Hier schließt sich der Kreis und wir kommen zu Kung-Fu, Buddhismus und anderen Denkschulen zurück. Greif nicht an. Selbstverteidigung ist eine notwendige Sache in einer dualen Welt, und man sollte sie beherrschen, ganz klar. Wer aber bewusst immer wieder von uns Unterstützung verlangt (und deine Helfer müssen diese geben, das ist ein kosmisches Gesetz), um fest definierte, greifbare, namentlich bekannte Menschen, Seelen oder andere Wesen grundlos oder aus Rache zu attackieren, der begeht in der Tat die Todsünde des Zorns – mit allen bekannten Konsequenzen.

5) Gib zurück, was du geliehen hast. Es scheint selbstverständlich: Nach einer Reise packst du Taschen und Koffer wieder aus, nach der Arbeit gehst du nach Hause, auf sportliche Anstrengung folgt die

Regeneration. Aber auf wutentbrannte Auseinandersetzungen folgt heute, in unserem Kulturkreis, zu selten eine *bewusste* Phase der Abkühlung. Dabei ist diese Phase genau so elementar wie die Vorherigen. Wenn du intuitiv veranlagt bist, und vielleicht sogar dein Ziel erreicht und deinen Standpunkt verteidigt hast, wirst du außerdem den Drang verspüren, dich für die Hilfe zu bedanken. Nimm dir die Zeit.

Falls du physisch unterwegs warst: Bleib im Auto noch fünf Minuten sitzen, bevor du fährst, und atme durch. Verzieh dich aufs Klo und schließe eine Minute die Augen. Komm zu deiner personifizierten Wut zurück und gib deinen Gegenstand wieder ab. Selbst, wenn der Kampf nicht ganz und gar in deinem Sinne ausgegangen sein sollte, kannst du sehr stolz auf dich sein, weil du nun den *Prozess* verstehst. Weil du die Gesetze so anwendest, wie sie ursprünglich gedacht waren. Und weil du für den nächsten Konflikt noch besser trainiert und gerüstet sein wirst.

Im Zwiegespräch mit dem Aspekt der Wut kannst du darüber hinaus *viel* erfahren, was Hintergründe und Nuancen angeht. Den Konflikt unter Anleitung nachzuarbeiten hilft enorm beim Verständnis, und Verständnis ist tausend Mal besser als Neid, Ressentiments oder aufkeimender Hass. Du musst das erkämpfte Ergebnis nicht lieben ... aber wenn du es *verstehen* kannst, hast du bereits gewonnen. *Nichts* auf der Welt ersetzt den Seelenfrieden, der dich durchfließt, weil du es verstanden hast und anerkennen kannst.

....

Die Bücher dieser Reihe

An dieser Stelle findet ihr wie üblich einige wichtige Sätze aus den anderen Interview-Monaten mit den anderen Wesenheiten, die relativ gut für sich stehen können, und die in anderen Bänden auftauchen. Vielleicht mache ich dir ja so schon einmal Lust auf den Rest der Reihe!

Monatsthema Kommunikation
Interviewpartner: die Elfen

»Wir sind reine Gedankenkraft. Wir wohnen im ›Gitter aller Ideen‹ – dem morphischen Feld. In diesem liegen alle Erfindungen, Geschichten, Rituale usw., und zwar in jeder energetischen Ausprägung oder in jeder Schwingungsfrequenz.«

»Eine Sternfahrer-Zivilisation muss erst einmal herausfinden, wie sie das morphische Feld des Planeten mit sich nehmen kann. Sonst ist alles auf dem Schiff dem Tode geweiht.«

»Genau wie du [die Autorin] können wir in die Geschichte hinein- und wieder heraussteigen. Wie echte Schauspieler sind wir jedoch keinesfalls immun gegen die Emotionen des Schauspiels. Wir durchleben das Wechselbad an Gefühlen tatsächlich.«

»Ein (Geschichten-)Kanon wird von Menschen genutzt, um sich gegenüber anderen in Beziehung zu setzen. Wenn Menschen andere Leute finden, die das gleiche Set an Gedanken im Kopf haben wie sie selbst – das kann eine Bibel sein oder ein Roman – dann kommen sie gut miteinander aus.«

Monatsthema Balance
Interviewpartner: Die Weltenschlange Jormungandr

»Das Universum ist ein riesiges Uhrwerk. Es funktioniert perfekt. Aber es ist unsichtbar für euch. Was ihr Glück, Zufall oder Schicksal nennt, ist das Ticken dieser Uhr. Ihr seid nur erstaunt darüber, dass ein Ticken dem nächsten folgt, weil ihr das Uhrwerk noch nie gesehen habt.«

»Heilige Bücher sind nicht deshalb heilig, weil Jesus oder Buddha darin erwähnt werden. Sie sind heilig, weil tausende Meister zu euch kamen, um sie euch zu diktieren und von euch schreiben zu lassen. Sie haben Teilenergien – Stücke von sich – geopfert, um die Legenden niederschreiben zu lassen. Und dann haben einige wenige sie verändert zu ihren Gunsten.«

»Gib mir Zeit aus deinem Tag! 30 Minuten sind das Minimum – mehr, wenn du etwas aufschreiben oder zeichnen willst danach. So verlierst du nie die Balance, bleibst immer trittsicher. Wir sind gute Helfer, also gib uns Zeit, zu helfen!«

Monatsthema Liebe
Interviewpartnerin: »Lillysander«, der Geist der Liebe

»In der Mitte zwischen zwei Liebenden gibt es eine Energie, ein Versprechen. Du kannst dieses Band niemals ganz zerschneiden, du kannst den Partner nur extrem herabsetzen. Dir aus dem Herzen schneiden. Dieser Prozess schmerzt mehr als alles andere auf der Welt.«

»Du kannst nur so viel Liebe empfangen, wie du dir erlaubst und für möglich hältst.«

»So, wie ein Knochen den Körper nicht verlassen kann, so kann ich nicht gänzlich das morphische Feld verlassen. Denn täte ich es, würde jede Lebensform des Planeten in einer Sekunde dem Wahnsinn anheimfallen.«

»Die Täler, die ihr Seelen durchschreitet, um die Nicht-Liebe kennenzulernen ... bei allen großen Göttern!«

Monatsthema Wissen
Interviewpartner: der japanische Lehrmeister Kei Yu

»Wissen ist der winzige, aber sehr wichtige Unterschied zwischen einer Technik, um Halswirbel wieder einzurenken ... und darin, die Person umzubringen.«

»Wenn ihr längere Zeit nicht die Fühler in unsere Richtung ausstreckt und uns auf irgendeine Art und Weise zuhört, dann werdet ihr krank. Krankheit ist unsere letzte Möglichkeit, euch etwas Wichtiges zu kommunizieren. Direkter dürfen wir nicht sein!«

»Es gibt sieben Pfeiler des Wissens [sieben hermetische Gesetze]. Sind dir diese vollständig bewusst, herrschst du als KönigIn über deine eigene Existenz.«

»Du kannst problemlos lieben, ohne zu wissen. Wie ein Baby. Niemals solltest du aber wissen, ohne zu lieben. Das endet schrecklich.«

Monatsthema Weisheit
Interviewpartner: der Rat der Farben

»Ihr seid an einem absoluten Tiefpunkt momentan, was eure Kirchen angeht. Kirche ist etwas, über das ihr in großer Mehrheit nur lachen könnt – oder weinen müsst. Nun muss aus der Asche etwas Neues entstehen. Genau an diesem Punkt steht ihr.«

»Nur weil wir diejenigen sind, die die Arme aufhalten; und ihr diejenigen seid, die springen müssen, stehen wir doch am gleichen Abgrund.«

»Eure technische Entwicklung ist derzeit hochinteressant. ›Alexa‹ gewöhnt euch beispielsweise an einen allwissenden Gast in euren Wohnzimmern, der euch auf Fragen kluge Antworten geben kann. Die nächste große Erfindung wird ›Gottes Alexa‹ sein!«

Monatsthema Kreativität
Interviewpartner: meine Muse

»Mit nichts werdet ihr so allein gelassen wie mit der Kunst.«

»Du brauchst nicht perfekt sein. Du kannst meine Perfektion leihen! Kreativität ist deshalb genial, weil du nur der Finger an der Saite bist. Die Hand am Stift. Was du brauchst, ist Zugang – und den gewähre ich.«

»Arm ist der Künstler, der wenig verkauft. Ärmer ist der, der wenig Rückmeldung erhält. Am ärmsten ist aber der, der fantastische Rückmeldung erhält und ihr nicht glauben kann.«

Noch mehr großartige Zitate aus der
geistigen Welt auf www.the-spirit-scribe.de
und auf meinem Youtube-Kanal.

Romane aus meiner Feder:

Das Drachenkind – Feuertaufe
Erster Teil der Drachenkind-Chronik

Starke Frau vom Menschenland
wird fortgeführt von Elfenhand.
Zu bringen eines Kriegers Sohn,
den Elfen Ehr', den Drachen Hohn.

Seit Anbeginn der elfischen Zeitrechnung herrscht Krieg zwischen den Elfen und den Drachen. Weder die systematischen Ausrottungsversuche der Elfen noch die Überfälle der Drachen konnten einer Seite den endgültigen Sieg bringen. Das Volk der Elfen hofft daher auf eine alte Prophezeiung, die das Ende ihrer Qualen verspricht.

Als ein Krieger ihrer Welt sich in eine junge Menschenfrau namens Moira verliebt, steht der Erfüllung dieser Prophezeiung scheinbar nichts mehr im Wege. Bis auf die schreckliche Lüge, mit der sie Moira in ihre Welt locken ...

Alle bisher veröffentlichten Teile der Drachenkind-Chronik sind als Ebook oder Paperback überall dort erhältlich, wo es Bücher gibt – und Teil eins zusätzlich bei audible als Hörbuch-Download!
www.drachenkind-chronik.de

Das Drachenkind – Weltenbrand

Zweiter Teil der Drachenkind-Chronik

Während der Elfen Häuser ringen,
die Anführer woll'n Erben bringen.
Einer nie lebt, eine nur ein Jahr,
trauerst du um sie, bist du ein Narr.

Heldenmutter Moira versucht nach Kräften, sich in die elfische Gesellschaft und ihre neue Rolle einzufügen. Doch sie und Tayrenn haben das Machtgefüge der Ebene verändert, zum Unmut vieler Ratsmitglieder.

Vom Königspaar bis zu den Drachenkriegern denken nun viele in ihrem Umfeld über die Erbfolge nach. Doch auch einige Widersacher planen, die kommende Generation in ihrem Sinne zu formen – und die gefährlichste Gegnerin der Elfen ist noch keinem je ins Auge gefallen ...

Der zweite Teil der Drachenkind-Chronik.
Ganzheitlich und gerissen. Spirituell und spannend.
Hochgefühle für Hochsensitive.

Der Kuss der Muse

The School of Muses – Band 1

Ich bin eine Muse.
Wer mich berührt, der hat eine gute Idee.
Wer mich küsst, der hat einen großartigen Einfall.
Wer gar das Bett mit mir teilt, dessen Kunst wird unsterblich.
Aber wie weit wirst du gehen ... für die perfekte Idee?

In Annetts Innerem kämpfen zwei Kräfte um die Herrschaft über ihr Handeln: Sie selbst, die wohlerzogene junge Frau, der ihr Job als Kindermädchen bei einer bekannten Band größte Erfüllung bringt – und eine kraftvolle Muse namens April, die ihren Körper ohne Rücksicht auf Verluste im Dienste der Inspiration einsetzen möchte. Eine unheilvolle Konstellation in einer Gemeinschaft, in der fünf Männer mit ihrer Kreativität Geld verdienen wollen und müssen. Nach und nach wird den Bandmitgliedern klar, dass sie gute Ideen bekommen, wenn sie Annetts Haut berühren. Ein Kuss verstärkt die Wirkung noch um ein Vielfaches. Wer gar das Bett mit ihr teilt, der findet sich in kreativen Hochphasen wieder. Doch wer die besondere Gunst der Muse gewinnt und wem sie zu schöpferischer Ekstase verhilft, das liegt nur begrenzt in Annetts Händen ...

Bisher sind in der »School of Muses«-Reihe erschienen:
»Der Kuss der Muse«
»Der Pakt der Muse«
»Das Wissen der Muse«

Die E-Book-Reihe ist verfügbar in allen namhaften Online-Shops.
Weitere Informationen unter www.tvahrens.de.